Nouveau BAC

Collection initiée par Gr

STENDHAL

Le Rouge et le Noir

Chronique de 1830
(1830)

Christine Klein-Lataud
Agrégée de lettres classiques

Paul Lidsky
Agrégé de lettres modernes

Sommaire

ISBN : 978-2-401-05475-2

Dans les pages suivantes, les références entre parenthèses renvoient à l'édition Gallimard du *Rouge et le Noir*, collection « Folio classique » n° 17.

Les astérisques (*) renvoient au lexique qui figure p. 126.

FICHE PROFIL

Le Rouge et le Noir (1830)

Stendhal (1783-1842)

Roman chronique de 1830 — XIXe siècle

RÉSUMÉ

En 1826, dans la France de la Restauration, Julien Sorel, un jeune homme de dix-neuf ans, issu du peuple et ambitieux, entre comme précepteur chez M. de Rênal, noble conservateur et maire de la petite ville de Verrières, en Franche-Comté. Il fait son éducation sentimentale en séduisant Mme de Rênal puis, leur intrigue ayant été dénoncée, part faire ses études au séminaire de Besançon pour devenir prêtre (le Noir du titre). Le directeur du séminaire, qui le protège, le fait engager comme secrétaire à Paris chez le marquis de La Mole.

Là, il s'initie à la haute société et, par son travail et ses qualités intellectuelles, gagne l'estime et les faveurs du marquis. Il a une liaison secrète et tumultueuse avec sa fille Mathilde, jeune fille romanesque de dix-neuf ans qui attend un enfant de lui. Le marquis, furieux, finit malgré tout par consentir au mariage et achète un brevet de lieutenant à Julien (le Rouge). Au moment où le héros semble avoir atteint son but, coup de théâtre : Mme de Rênal écrit au marquis une lettre où, sous la contrainte de son confesseur, elle dénonce Julien comme un arriviste qui parvient à ses fins en séduisant les femmes. Julien, ivre de vengeance, galope jusqu'à Verrières et tire deux coups de pistolet sur Mme de Rênal. Dans la prison où il attend son jugement, il reçoit régulièrement la visite de celle-ci, qui a été simplement blessée. Les deux amants trouvent alors le parfait amour et le bonheur malgré l'emprisonnement et la condamnation de Julien qui, lors de son procès, a prononcé un violent réquisitoire contre la société. Il est exécuté et Mme de Rênal meurt trois jours après lui.

PERSONNAGES PRINCIPAUX

- **Julien Sorel**, dix-neuf ans, fils d'artisan, instruit par le curé de son village. Ambitieux qui admire Napoléon, rêve de gloire et veut conquérir la société. Les armes qu'il est contraint d'utiliser pour cela sont l'intrigue et la séduction des femmes.
- **Mme de Rênal**, jeune femme de la noblesse provinciale, tendre, sensible, prisonnière d'un entourage ennuyeux. Tombe amoureuse de Julien, cause indirectement sa mort et meurt d'amour pour lui.
- **Le marquis de La Mole,** pair de France qui prend Julien sous sa protection et s'en sert pour sa conspiration ultra*.
- **Mathilde de La Mole**, jeune fille de la grande noblesse parisienne. Orgueilleuse, romanesque, elle tombe amoureuse de Julien par désir d'originalité et d'héroïsme.
- **L'abbé Pirard**, janséniste*, directeur du séminaire de Besançon, protecteur de Julien qu'il fait venir à Paris.
- **L'abbé Chélan**, curé de Verrières qui a éduqué Julien ; personnage intègre et indépendant.

CLÉS POUR LA LECTURE

1. Un roman d'apprentissage

Jeune homme totalement ignorant au départ, Julien découvre, en quatre ans, la société provinciale, les intrigues de l'Église, la haute société parisienne et les complots de la politique. Il fait également son apprentissage sentimental.

2. Un roman d'amour

Le roman présente une fine analyse du sentiment amoureux.

3. Une critique sociale

Stendhal fait une peinture très sévère de la France de la Restauration. On peut y lire la critique de l'immobilisme d'une organisation sociale verrouillée par ses codes.

4. Une réflexion sur le bonheur

Le bonheur est-il dans la réussite sociale ? dans les intrigues amoureuses ? Quels sont ses liens avec l'ambition, les sens, les sentiments ? L'expérience de Julien est l'occasion d'une réflexion fondamentale sur le bonheur.

Stendhal, repères biographiques

Lorsque *Le Rouge et le Noir* paraît en 1830, Stendhal (Henri Beyle de son vrai nom) a quarante-sept ans. Il n'a publié jusque-là qu'un seul roman, *Armance,* trois ans plus tôt, et sa carrière de romancier va s'étendre sur une douzaine d'années seulement.

AVANT *LE ROUGE ET LE NOIR*

Une enfance conflictuelle (1783-1800)

Henri Beyle est né à Grenoble le 23 janvier 1783 dans une famille bourgeoise qui se croyait « sur le bord de la noblesse ». Il perdit à sept ans sa mère qu'il adorait et décrit son enfance dans son récit autobiographique, *Vie de Henry Brulard,* comme une période où il dut subir la dureté d'un père mesquin, étroitement royaliste, la tyrannie de son précepteur, l'abbé Raillanne, ainsi que la méchanceté de sa tante Séraphie. Il souffrit énormément de cette éducation étriquée (dont on retrouve des éléments dans l'enfance de Julien Sorel) et du manque de camarades de son âge ; les seuls bons souvenirs de son enfance, il les doit à son grand-père maternel, Henri Gagnon, représentant aimable de la philosophie des Lumières et à sa tante maternelle, Élisabeth Gagnon, qui lui a légué son « espagnolisme* ». En réaction contre un père royaliste et conservateur, le jeune Henri Beyle salue avec joie l'annonce de l'exécution de Louis XVI qui désole son père.
En 1796, à l'École centrale de Grenoble, il se passionne pour les mathématiques et obtient, en 1799, le premier prix en cours supérieur de mathématiques.

L'aventure napoléonienne et l'Italie (1800-1821)

Sous prétexte de présenter le concours de l'École polytechnique, il se rend à Paris où il fréquente le salon de son cousin Daru qui lui obtient un poste de sous-lieutenant au 6e Dragons dans l'armée d'Italie. Dans ce pays, tout l'enchante et l'éblouit : l'art de vivre, la peinture, les paysages, les palais, les belles Italiennes, la musique de Cimarosa. Il éprouve un tel coup de foudre pour cette terre de la « *virtu** » qu'il en fait sa seconde patrie et veut qu'on inscrive sur sa tombe « Henri Beyle, milanais ». Mais l'ennui provoqué par la vie militaire l'amène à démissionner et à revenir à Paris. Cependant, après un court intermède parisien de 1802 à 1806, il rejoint l'armée comme officier d'intendance et parcourt l'Europe, participe à la campagne de Russie et, sur le point d'être nommé préfet, voit ses rêves s'effondrer avec la défaite de l'Empereur : « Je tombai avec Napoléon en avril 1814 » *(Vie de Henry Brulard).* De 1814 à 1821, il retourne à Milan où il fréquente les milieux libéraux, a de nombreuses liaisons avec de belles milanaises et écrit des ouvrages critiques : *Vies de Haydn, de Mozart et de Métastase* (1814), *Vie de Napoléon* (1816), *Histoire de la peinture en Italie* et *Rome, Naples et Florence,* signés pour la première fois du pseudonyme de Stendhal (1817). En 1821, inquiété par la police autrichienne, il quitte Milan pour revenir à Paris.

Paris et l'homme de lettres (1821-1830)

Stendhal fréquente les salons, se fait des amis mais souffre d'être pauvre et méconnu malgré l'importance de son activité littéraire : *De l'Amour* (1822), où il analyse la naissance de la passion, est un fiasco littéraire complet. Il publie ensuite *Vie de Rossini* (1823), puis *Racine et Shakespeare* (1825), pamphlet où il prend le parti du romantisme. *Armance* (1827), son premier roman, n'a aucun succès. En 1829, Stendhal publie *Promenades dans Rome* et surtout *Vanina Vanini*, nouvelle parue dans *La Revue de Paris*, qui présente plusieurs parentés avec *Le Rouge et le Noir* qui sera imprimé l'année suivante (1830).

Les sources historiques : les affaires Berthet et Lafargue

Le Rouge et le Noir marque une étape capitale dans la création de Stendhal : son choix de la forme romanesque comme mode d'expression privilégié. « Je ne puis mettre de haute portée ou d'esprit dans le dialogue tant que je songe au fond. De là l'avantage de travailler sur un conte tout fait comme *Julien Sorel* » note Stendhal en marge de *Lucien Leuwen* (roman commencé en 1834, publié en 1894). La trame romanesque du *Rouge et le Noir* est en effet empruntée à un fait divers publié dans *La Gazette des tribunaux* en décembre 1827 :

« Antoine Berthet, âgé aujourd'hui de vingt-cinq ans, est né d'artisans pauvres mais honnêtes ; son père est maréchal-ferrant dans le village de Brangues. Une frêle constitution, peu propre aux fatigues du corps, une intelligence supérieure à sa position, un goût manifesté de bonne heure pour les études élevées, inspirèrent en sa faveur de l'intérêt à quelques personnes ; leur charité plus vive qu'éclairée songea à tirer le jeune Berthet du rang modeste où le hasard de la naissance l'avait placé, et à lui faire embrasser l'état ecclésiastique.

Le curé de Brangues l'adopta comme un enfant chéri, lui enseigna les premiers éléments des sciences, et, grâce à ses bienfaits, Berthet entra, en 1818, au petit séminaire de Grenoble. En 1822, une maladie grave l'obligea de discontinuer ses études. Il fut recueilli par le curé, dont les soins suppléèrent avec succès à l'indigence de ses parents. À la pressante sollicitation de ce protecteur, il fut reçu chez M. Michoud qui lui confia l'éducation de ses enfants [...]. Mme Michoud, femme aimable et spirituelle, alors âgée de trente-six ans, et d'une réputation intacte, pensa-t-elle qu'elle pouvait sans danger prodiguer des témoignages de bonté à un jeune homme de vingt ans dont la santé délicate exigeait des soins particuliers ? Quoi qu'il en soit, avant l'expiration d'une année, M. Michoud dut songer à mettre un terme au séjour du jeune séminariste dans sa maison [...].

En 1825, il obtint alors d'être admis au grand séminaire de Grenoble ; mais, après y être demeuré un mois, jugé par ses supérieurs indigne des fonctions qu'il ambitionnait, il fut congédié sans espoir de retour [...].

Il songea de nouveau à la carrière qui avait été le but de tous ses efforts, l'état ecclésiastique. Mais il fit et fit faire de vaines sollicitations auprès des supérieurs des séminaires de Belley, de Lyon et de Grenoble. Pendant le cours de ces démarches, il rendait les époux Michoud responsables de leur inutilité. Les prières et les reproches qui remplissaient les lettres qu'il continua d'adresser à Mme Michoud devinrent des menaces terribles. On recueillit des propos sinistres: *Je veux la tuer*, disait-il dans un accès de mélancolie farouche [...].

Le dimanche 22 juillet, de grand matin, Berthet charge ses deux pistolets à doubles balles, les place sous son habit, et part pour Brangues [...]. À l'heure de la messe de paroisse, il se rend à l'église et se place à trois pas du banc de Mme Michoud. Il la voit bientôt venir accompagnée de ses enfants dont l'un avait été son élève. "Ni l'aspect de sa bienfaitrice, dit M. le procureur général, ni la sainteté du lieu, ni la solennité du plus sublime des mystères d'une religion, au service de laquelle Berthet devait se consacrer, rien ne peut émouvoir cette âme dévouée au génie de la destruction." Il attend avec une infernale patience l'instant où le recueillement de tous les fidèles va lui donner les moyens de porter des coups assurés. Ce moment arrive, et lorsque tous les cœurs s'élèvent vers Dieu présent sur l'autel, lorsque Mme Michoud prosternée mêlait peut-être à ses ferventes prières le nom de l'ingrat qui s'est fait son ennemi le plus cruel, deux coups de feu successifs et à peu d'intervalle se font entendre. Les assistants épouvantés voient tomber presque en même temps et Berthet et Mme Michoud, dont le premier mouvement, dans la prévoyance d'un nouveau crime, est de couvrir de son corps ses jeunes enfants effrayés. »

Stendhal rapproche ce destin de celui d'un autre assassin de l'époque, l'ébéniste Lafargue qui avait tué sa maîtresse. Il les englobe dans sa vaste réflexion sur la force de caractère – la *virtu**, c'est-à-dire la vertu, au sens antique – et l'énergie (cf. la nouvelle *Vanina Vanini* écrite à la même époque). Recherchant des héros passionnés et généreux, il les trouve parmi les hommes du peuple: « Tandis que les hautes classes de la société parisienne semblent perdre la faculté de sentir avec force et constance, les passions déploient une énergie effrayante dans la petite bourgeoisie, parmi ces jeunes gens qui, comme M. Laffargue[1], ont reçu une bonne éducation mais que l'absence de fortune oblige au travail et met en lutte avec les vrais besoins. [...] Napoléon réunit autrefois les mêmes circonstances: bonne éducation, imagination ardente et pauvreté extrême[2]. »

1. Lafargue est orthographié avec deux *f* par Stendhal, contrairement aux archives judiciaires.
2. Stendhal, *Promenades dans Rome*, 23 novembre 1828.

Le personnage de Lafargue, sur lequel il revient à plusieurs reprises dans *Promenades dans Rome*, ouvrage composé à la même époque que *Le Rouge et le Noir*, lui fournit aussi un certain nombre de traits physiques qu'il prête à Julien : « Laffargue a vingt-cinq ans [...]. Il a reçu de la nature une physionomie intéressante. Tous ses traits sont réguliers, délicats, et ses cheveux arrangés avec grâce. On le dirait d'une classe supérieure à celle qu'indique son état d'ébéniste. »
Aussi Stendhal se vante-t-il que « tout ce qu'il raconte est réellement arrivé ». Il rédige rapidement son roman entre la fin de l'année 1828 et 1830, période propice: « J'étais devenu parfaitement heureux, c'est trop dire, mais enfin fort passablement heureux en 1830 quand j'écrivais *Le Rouge et le Noir*[1] ». Entre le début et la fin de la rédaction, le roman fut considérablement étoffé, et passa d'une ébauche intitulée *Julien* au gros livre que nous connaissons.

Le mystère du titre

Stendhal arrêta tardivement le choix de son titre (mai 1830). Il avait un goût marqué pour l'énigme et le souci d'intriguer le lecteur. D'autre part, les couples de couleurs l'avaient toujours séduit, comme le montrent *Le Rose et le Vert*, titre d'un roman inachevé, et cette note du manuscrit de *Lucien Leuwen*: « *Rouge et Blanc*, titre du livre ou nouveau titre *Bleu et Blanc*, pour rappeler *Le Rouge et le Noir* et fournir une phrase aux journalistes. Rouge, le républicain Lucien, Blanc le jeune royaliste de Chasteller[2]. »
De nombreuses explications furent proposées pour ce titre. La plus simple est celle des deux couleurs du jeu de la roulette: Julien joue le noir et perd. Deuxième explication, le rouge symbolise la carrière militaire et le noir l'état ecclésiastique. Questionné sur l'énigme du titre, Stendhal aurait répondu à un journaliste: « Le rouge signifie que, venu plus tôt, Julien, le héros du livre, eût été soldat; mais à l'époque où il vécut, il fut forcé de prendre la soutane » (article du *National*, 1er avril 1842).

---

1. Stendhal, *Vie de Henry Brulard*.
2. Stendhal, *Romans et Nouvelles*, Éd. Gallimard, coll. « Bibliothèque de la Pléiade », tome I, p. 1489.

Henri Martineau[1] fait le point sur la question. Les diverses interprétations se ramènent à deux réseaux: le Rouge, c'est la gloire militaire, la Révolution et l'Empire, la passion et le sang, et la mort au bout, personnifiée par le bourreau. Le Noir est le symbole de l'état sombre où la France est tombée depuis 1815: domination des prêtres, ennui, intrigue omniprésente succédant à la bravoure.

Geneviève Mouillaud[2] a cherché une interprétation psychanalytique Relevant plusieurs scènes où le décor rouge est associé à des éléments noirs, elle ramène ces variantes à une « scène originelle » qui exprimerait l'amour de Stendhal pour sa mère et sa haine mortelle pour son père. Elle fait apparaître un réseau noir: le père, les prêtres, le deuil, le cimetière, et un réseau rouge associant sous le signe du crime l'amour, l'inceste, le meurtre du père et la Révolution.

Tiré pour la première édition en 1830 à 750 exemplaires, le roman n'eut guère de succès. Il scandalisa même. Mais Stendhal, sûr de son génie, fit, contre les philistins* de son époque, confiance à la postérité: « Je serai compris en 1880. »

APRÈS *LE ROUGE ET LE NOIR*: LA FUITE DANS LA LITTÉRATURE

Grâce au changement de régime, Stendhal est nommé consul à Trieste, puis à Civita Vecchia, aux portes de Rome. Il s'y ennuie fermement et c'est l'occasion de se consacrer à la littérature. Il écrit successivement *Lucien Leuwen* et *Lamiel*, deux romans restés inachevés et *Vie de Henry Brulard*, son autobiographie. Sa santé qui se dégrade l'oblige à prendre un congé de trois ans en 1836. En 1838, il écrit en cinquante-deux jours *La Chartreuse de Parme* qui sera publiée l'année suivante et qui lui vaudra un article élogieux de Balzac. En 1839, il rejoint son poste à Civita Vecchia mais, en 1841, il doit prendre un nouveau congé à Paris à cause d'une crise d'apoplexie: il y meurt le 23 mars 1842.

1. H. Martineau, *Le Cœur de Stendhal*, Éd. Albin Michel, chap. XXIII, 1983.
2. G. Mouillaud, *Le Rouge et le Noir, le roman du possible*, Éd. Larousse, 1973.

PREMIÈRE PARTIE

Résumé et repères pour la lecture

Une petite ville de province

RÉSUMÉ

Verrières, jolie petite ville de Franche-Comté qui surplombe le Doubs, se caractérise, au-delà de ses aspects touristiques, par l'âpreté de ses rapports sociaux et politiques. M. de Rênal en est le maire depuis 1815. C'est un conservateur ultra* qui s'est enrichi grâce à sa fabrique de clous dont les bénéfices lui permettent d'achever les travaux d'une superbe maison dominant la ville. Ses jardins en terrasse descendent jusqu'à la rivière sur des terrains achetés à prix d'or au père Sorel qui y avait sa scierie. Dans cette ville, on ne pense qu'à l'argent ; et le pouvoir et la considération vont « aux gens sages et modérés » qui y exercent une véritable tyrannie.

M. de Rênal annonce à sa femme qu'il veut prendre comme précepteur de ses trois garçons le fils Sorel, latiniste et futur prêtre. Mme de Rênal, femme naïve, timide et réservée, semble approuver son projet. Craignant que Valenod, le directeur du dépôt de mendicité*, ne le devance, le maire va le lendemain à sa scierie voir le père Sorel qui, en paysan madré, se garde de donner son accord définitif. Le père Sorel surprend son fils, Julien, occupé à lire tout en haut de la charpente et, d'un coup violent, envoie le livre (*Le Mémorial de Sainte-Hélène**) dans le ruisseau et risque de faire subir le même sort à son fils. En effet, Julien, dix-neuf ans, de constitution fragile, est méprisé et haï par un père et des frères brutaux et grossiers.

Le lendemain, le père Sorel se rend chez le maire et, en jouant la comédie, obtient pour Julien tout ce qu'il veut : une chambre individuelle, les repas pris avec les maîtres, un habit et 400 francs par mois payables d'avance. Julien part donc pour s'installer chez le maire mais s'arrête en chemin à l'église afin de faire un bilan de sa jeune vie. Dans l'église, il découvre un morceau de journal relatant l'exécution d'un dénommé Louis Jenrel à Besançon. Troublé par cette lecture qui s'avérera un signe prémonitoire et par la lumière écarlate de l'église semblable à du sang, il arrive chez M. de Rênal paralysé par la timidité. Mme de Rênal, de son côté, n'appréhende pas moins l'arrivée du précepteur qu'elle imagine grossier et vieux, obstacle s'interposant entre elle et ses enfants.

REPÈRES POUR LA LECTURE

Le paysage : nature et culture

Presque aucune notation pittoresque ne figure dans la description de Verrières à la différence de ce qu'auraient peint Balzac ou Flaubert ; Stendhal ne décrit le paysage qu'autant qu'il traduit des rapports humains : façades rebâties (signe de prospérité), terrasses des jardins du maire (signe d'un enrichissement croissant), détournement du ruisseau (signe du crédit du maire à Paris), murs de pierre omniprésents qui traduisent le besoin de se faire respecter des voisins et le caractère étroit et cloisonné de cette société. De même, Stendhal insiste longuement sur la mutilation périodique des platanes de la promenade : on ne laisse pas en France les arbres s'épanouir et prendre des « formes magnifiques » comme en Angleterre, pays de liberté que Stendhal connaît bien, mais, au contraire, on les transforme en vulgaires « plantes potagères ». Stendhal invite le lecteur à se demander si cela se limite aux arbres. Ce ne sera qu'en marchant en haute montagne que Julien se sentira respirer et revivre.

L'exposition

Stendhal, dans ces chapitres d'exposition, dresse un tableau très satirique et ironique de Verrières, de son maire et de ses notables : atmosphère étriquée, asphyxiante, mutilante. Il n'y a dans cette ville aucun idéal, aucune idée généreuse, rien que des préoccupations utilitaires, pécuniaires, étroitement égoïstes. Seuls trois personnages échappent au milieu décrit : l'abbé Chélan, personnage indépendant et ayant une vraie foi religieuse, et deux personnages très isolés, Mme de Rênal qui s'ennuie avec son mari mais encore plus avec la bonne société de la ville, et Julien Sorel qui ne pense qu'à s'échapper par tous les moyens de Verrières. Tout est prêt maintenant pour leur rencontre.

Julien et Stendhal

Stendhal, s'il emprunte beaucoup de son intrigue à la rubrique judiciaire, projette aussi sur Julien de nombreux éléments personnels qu'on peut retrouver dans son œuvre autobiographique, *Vie de Henry Brulard*: même aversion pour leur ville natale (Verrières et Grenoble), même détestation du père, même besoin de réussite pour fuir ce milieu, même évasion dans la lecture, même idéal jacobin* et napoléonien, même besoin d'héroïsme et de dépassement de soi, même envie d'aventures amoureuses difficiles.

Les portraits

Trois personnages parmi les plus importants du roman sont présentés dans ces chapitres. Là encore, comme pour la description du cadre spatial, les portraits sont brossés beaucoup plus rapidement que chez d'autres romanciers du XIXe siècle. Les détails physiques restent incomplets, en particulier pour Mme de Rênal: on a une silhouette, une allure, un comportement mais peu de précisions physiques; M. de Rênal, également, est évoqué très rapidement dans le premier chapitre par son air, sa démarche et surtout par ses paroles et son comportement. C'est Julien qui est décrit le plus précisément dans le chapitre 4, mais Stendhal emprunte plusieurs détails au portrait de Berthet paru dans *La Gazette des tribunaux*.

LIVRE PREMIER — CHAPITRES 6 À 10

Naissance de l'amour

RÉSUMÉ

La première rencontre de Julien et de Mme de Rênal a lieu à l'entrée de la maison. Ils sont aussi surpris l'un que l'autre: elle, par « cette pauvre créature », ce garçon beau comme une jeune fille qui la réjouit car il ne correspond en rien à ses craintes; Julien, lui, ébloui par la beauté et la douceur de cette femme, lui promet de ne jamais battre ses enfants. Julien s'impose, se fait aimer et respecter des enfants mais est sans cesse blessé par cette société qu'il trouve méprisante

à son égard. Mme de Rênal, quant à elle, admire de plus en plus Julien, si différent des hommes grossiers qui l'entourent. Elle prend plaisir à sa compagnie et seules son innocence et son inexpérience l'empêchent de comprendre la nature de ses sentiments pour lui.
Élisa, la femme de chambre, qui vient de faire un héritage, révèle à l'abbé Chélan son projet d'épouser Julien ; ce dernier refuse malgré les reproches du curé qui a percé à jour ses grandes ambitions. Mme de Rênal, malade depuis l'annonce de ce projet, retrouve sa gaieté à la nouvelle de ce refus. Pour la première fois, elle se pose la question : « Aurais-je de l'amour pour Julien ? » Au printemps 1827, la famille de Rênal s'installe à Vergy, résidence de campagne du maire. M. de Rênal y laisse sa femme, ses enfants et Julien. Bientôt rejoints par Mme Derville, amie de Mme de Rênal, ils goûtent des moments de bonheur et de gaieté au milieu de la nature printanière. Un soir, assis sous l'immense tilleul près de la maison, Julien touche par hasard la main de Mme de Rênal, qui la retire aussitôt : se croyant méprisé, il se fait un devoir de la reprendre le lendemain.
Toute la journée suivante, il vit dans une tension continue, partagé entre sa timidité et son orgueil. Finalement, sous le tilleul, au dernier coup de dix heures du soir à l'horloge, il se saisit de la main convoitée qui, après quelques résistances, reste dans la sienne. Le lendemain, en descendant pour déjeuner, il découvre le maire très mécontent que ses enfants aient été négligés et qui le lui exprime en termes blessants. Peu après, Julien, grâce à l'aide de Mme de Rênal, réussit à détruire un portrait de Napoléon dont la découverte aurait compromis sa réputation.
Julien, très en colère, présente sa démission à M. de Rênal qui, toujours par crainte de le voir partir chez Valenod, l'augmente de cinquante francs par mois. Sous le prétexte d'une visite à l'abbé Chélan, Julien s'absente pour quelques heures. Dans les bois entre Vergy et Verrières, il savoure les victoires remportées dans la journée. Il se retrouve bientôt au sommet d'un rocher énorme dominant tout le paysage et le vol d'un épervier dans le ciel lui fait songer à la destinée de Napoléon : « Serait-ce un jour la sienne ? »

La première rencontre, moment de grâce

Les deux protagonistes, préoccupés par leurs craintes imaginaires, sont surpris par une réalité déconcertante qui les rend d'autant plus vulnérables et désarmés. Julien a effectivement un comportement enfantin: il pleure, il essuie ses larmes, il rosit; sous le coup de l'émotion et de la surprise, il n'a pas le temps d'ajuster son masque d'hypocrite. De même, Mme de Rênal, croyant avoir affaire d'abord à un enfant et même à une jeune fille, ne prend ni la distance ni le ton qu'elle a coutume d'adopter avec un homme. De là, la spontanéité, la gaieté légère et la fraîcheur de cette scène. On pourra relever l'alternance naturelle du récit, de la description et des dialogues et, dans ceux-ci, l'importance des points d'interrogation qui traduisent leur surprise réciproque. On ne retrouvera pas une telle innocence, une telle douceur et une telle grâce (ces mots reviennent plusieurs fois dans le texte) sauf dans les scènes finales mais le contexte sera différent. Cette scène rappelle la première rencontre entre Rousseau et Mme de Warrens dans *Les Confessions*.

Julien et Napoléon

La culture de Julien, en dehors de la formation donnée par l'abbé janséniste* Chélan, est celle d'un autodidacte qui emprunte essentiellement son éducation politique et historique au vieux chirurgien-major qui lui a transmis la légende napoléonienne à la fois par ses récits et par les livres qu'il lui lègue à sa mort (*Le Mémorial de Sainte-Hélène** par Las Cases, publié en 1823, livre de chevet de Julien). Cette culture a donc souvent une coloration militaire et héroïque. Cela explique, dans le vocabulaire de Julien, le recours fréquent aux termes de devoir et de guerre dans tous les contextes – notamment dans sa relation avec les femmes. Mais il ne s'agit pas, comme chez les libertins* (le Don Juan de Molière ou les roués des *Liaisons dangereuses* de Laclos), d'un substitut dégradé pour une noblesse oisive et cynique. Julien, à travers toute situation, doit se prouver qu'il serait digne de son modèle héroïque, Napoléon, ou plus encore de l'image mythique qu'il en a (en cela, on pourrait le comparer à Don Quichotte qui projette, lui aussi, sur toute situation réelle le souvenir héroïque de ses lectures de romans de chevalerie). On retrouve donc chez Julien, comme chez les libertins, l'usage d'un langage militaire pour évoquer la « conquête féminine », mais alors que chez ceux-ci, il est associé au plaisir, chez Julien, il traduit la lutte douloureuse contre sa nature.

LIVRE PREMIER – CHAPITRES 11 À 17

Vergy et la conquête de Mme de Rênal

RÉSUMÉ

De retour à Vergy, Julien ne descend au jardin qu'à la nuit tombée pour retrouver Mme de Rênal et Mme Derville, bientôt rejointes par M. de Rênal. Pour se venger des propos de ce dernier, il prend la main de son épouse qu'il couvre de baisers. Celle-ci, enfin consciente de son amour pour Julien, est tourmentée toute la nuit par le remords et la jalousie. Elle décide de se montrer désormais froide avec Julien.

Après avoir obtenu un congé de trois jours, Julien se rend chez son ami Fouqué, marchand de bois, tout en méditant sur l'adieu glacial de Mme de Rênal avant son départ. Il goûte bientôt les charmes de la solitude dans la nature en traversant les montagnes du Jura, et notamment dans une petite grotte où il s'arrête jusqu'à la nuit « plus heureux qu'il ne l'avait jamais été de la vie ». Il arrive à une heure du matin chez son ami Fouqué qui lui propose une association commerciale très avantageuse, mais Julien refuse ce bien-être assuré et médiocre qu'il obtiendrait aux dépens de ses rêves glorieux.

Pendant son voyage, Julien n'a pas pensé une seule fois à Mme de Rênal qui, malade, n'arrive plus à cacher ses sentiments : Mme Derville puis Julien s'en aperçoivent. Ce dernier décide, par orgueil, de devenir son amant.

Julien écrit un plan de campagne de séduction mais, voulant le suivre à la lettre, il se révèle gauche, emprunté et ridicule. Conscient de sa sottise, il part pour Verrières au moment du déménagement de l'abbé Chélan, destitué et remplacé par l'abbé Maslon, l'homme de la Congrégation*.

Le lendemain, toujours aussi gauche, il annonce à Mme de Rênal, indignée, qu'il viendra dans sa chambre la nuit même à deux heures. Torturé par son devoir, tremblant, il entre dans la chambre, se jette aux pieds de Mme de Rênal et fond en larmes. Il remporte un succès complet mais est incapable de jouir de son bonheur, encore guidé par l'idée du devoir à accomplir et se demandant « s'il a bien joué son rôle ».

Julien, le lendemain, arrive dans la chambre de sa maîtresse à une heure du matin et, moins emprunté, plus naturel, rassuré par les craintes qu'exprime Mme de Rênal d'être trop vieille pour lui, il peut enfin jouir des charmes de son amante, une femme belle et noble.

Alors que, dans un moment d'épanchement, il exprime sa nostalgie du régime napoléonien, il voit sa maîtresse froncer les sourcils : il réalise qu'elle « a été élevée dans le camp ennemi » et qu'il doit cacher ses vraies idées. Ils continuent néanmoins à vivre des moments de bonheur, son amante faisant l'éducation de Julien et l'initiant aux intrigues de la haute société de province. Elle voit en lui un futur grand homme.

REPÈRES POUR LA LECTURE

Les refus des « sorties honorables » ou des « réussites médiocres »

Lors de la visite à son ami Fouqué, ce dernier lui propose une association très lucrative : Julien refuse, comme il avait refusé la proposition de mariage d'Élisa et comme il refusera plus tard la cure* de l'abbé Pirard ou le mariage et les millions de Korasoff. En fait, il ne veut ni une réussite médiocre ni une ascension qui ne prouverait pas sa valeur et ses talents : il a toujours pour modèle la réussite des jeunes généraux de la Révolution ou de l'Empire. En cela, il est très différent des arrivistes des romans du XVIIIe siècle (*Le Paysan parvenu* de Marivaux) ou des romans du XIXe siècle de Thackeray (*Barry Lyndon*), de Balzac, Zola et Maupassant.

Les intrusions d'auteur

Le chapitre 14 est très révélateur de la distance que Stendhal prend avec son héros: il le regarde avec ironie, porte des jugements moqueurs sur son comportement, assène critique sur critique: « gauche » et « gaucherie » (cinq occurrences), « sot » et « sottise » (six occurrences). Stendhal, en tuteur, fait ici la leçon à son personnage qui se montre vraiment ridicule mais, au fur et à mesure que son héros fera son éducation et évoluera, son appréciation sur lui deviendra de plus en plus élogieuse.

Mme de Rênal et l'éducation de Julien

Le chapitre 17 nous peint le bonheur des deux amants mais aussi l'éducation que sa maîtresse offre à Julien, éducation qui se poursuivra tout au long du roman. En cela, *Le Rouge et le Noir* s'inscrit dans la longue lignée des romans d'éducation dans lesquels le jeune héros est progressivement initié au monde par des femmes — en même temps qu'elles contribuent à son ascension sociale —, depuis *Le Paysan parvenu* de Marivaux jusqu'au *Lys dans la vallée* de Balzac et au *Bel-Ami* de Maupassant. Ici, Mme de Rênal initie Julien d'abord à l'univers intime d'une femme noble; il est fasciné par l'intérieur des armoires de sa maîtresse et il peut rester « des heures entières » à les admirer, comme il admirera peu après les ors et l'apparat de l'évêque d'Agde. Ainsi, profondément, Mme de Rênal façonne sa sensibilité et son goût aristocratique pour le luxe, que l'abbé Pirard analysera intelligemment « Trop de sensibilité aux vaines grâces de l'extérieur » (I, 25). Par ailleurs, elle l'initie aussi aux ressorts cachés de la vie politique de Verrières.

Rumeurs, drames et péripéties

RÉSUMÉ

Tout Verrières se prépare à la visite d'un monarque. Mme de Rênal, à force d'intrigue, obtient pour Julien une place dans la garde à cheval, scandalisant une partie de l'opinion. Le jour tant attendu, Julien, sur un cheval prêté par Valenod, est au comble de la joie, se prenant pour un héros dans son bel uniforme. Le monarque doit ensuite assister à une cérémonie religieuse à l'abbaye de Bray-le-Haut, près de Verrières. Après d'âpres discussions, le maire a imposé au nouveau curé la présence de son prédécesseur destitué, le curé Chélan, qui a demandé à être accompagné de Julien en qualité de sous-diacre. Il assiste à la cérémonie grandiose, béat d'admiration.

À Vergy, le plus jeune fils de Mme de Rênal tombe malade et sa mère, dévorée par le remords, y voit une punition divine pour ses amours criminelles. Elle va jusqu'à vouloir tout avouer à son mari. Même la guérison de son fils ne rétablit pas le calme dans son esprit troublé et elle se considère comme damnée. L'amour des deux amants devient plus intense mais a perdu sa joyeuse innocence. Peu après, Élisa, la femme de chambre jadis éconduite par Julien, raconte à Valenod la relation de sa maîtresse avec Julien. Aussitôt, Valenod envoie une lettre anonyme au maire.

Julien a deviné, à l'air courroucé de M. de Rênal, la réception d'une lettre anonyme et prévient son amie d'être très prudente mais celle-ci cherche cependant à pénétrer dans la chambre de Julien, vainement. Le lendemain, elle lui fait parvenir une lettre manifestant son sang-froid et sa détermination; elle y invente le texte d'une « lettre anonyme », et demande à Julien de la lui remettre; elle prévoit de donner ensuite cette lettre à son mari, de feindre d'être indignée et d'exiger une mise à l'écart de Julien.

Toute la nuit, « tempête sous un crâne » de M. de Rênal. Au matin, son épouse, avec beaucoup de maîtrise, lui remet la lettre qu'elle a demandé à Julien de recopier; elle retrouve toute la confiance de son mari et remporte une « rapide victoire »; Julien devra seulement passer une semaine à Verrières dans la maison du maire.

Julien devient la coqueluche des notables de Verrières. Lors d'un dîner chez Valenod où s'étalent le luxe de mauvais goût et la vulgarité, Julien ne peut s'empêcher d'être dégoûté par ces parvenus qu'il compare à la famille de Rênal. Mais dans la ville, l'isolement politique du maire s'accentue au profit de Valenod.

Devant la persistance des rumeurs scandaleuses à Verrières, l'abbé Chélan, prévenu par une confession d'Élisa, ordonne à Julien de partir sous trois jours pour le séminaire de Besançon et de ne pas revenir avant un an. La mort dans l'âme, Mme de Rênal arrive à la même conclusion et réussit à convaincre son mari. Julien quitte Verrières après une dernière nuit avec Mme de Rênal glacée de chagrin.

REPÈRES POUR LA LECTURE

Les contradictions de Julien

« La visite d'un monarque à Verrières » (chapitre 18) permet de saisir sur le vif les énormes contradictions de Julien: voyant Mme de Rênal occupée (elle intrigue pour lui obtenir une place dans la garde), il interprète mal son attitude et la condamne radicalement : « Son amour s'éclipse devant le bonheur de recevoir un roi dans sa maison. [...] L'ambition la rend aussi folle que son mari. » Mais, en fait, c'est lui qui est ébloui par son bel uniforme et qui est au comble de la joie sur son beau cheval. Julien est aussi sévère pour sa maîtresse qu'il est indulgent pour sa propre sensibilité — purement égoïste, elle — aux apparences.

La force d'âme de Mme de Rênal

Dans les chapitres 19 à 21, Mme de Rênal fait preuve d'un sang-froid et d'une détermination qui surprennent. Elle va admirablement, dans une vraie scène de comédie, manipuler son mari et l'amener là où elle l'a décidé. Héroïne à la *virtu** romaine, elle est supérieure à Julien car si lui se lance des défis pour être fidèle à son devoir et les affronte dans la souffrance et l'angoisse (la première nuit dans la chambre de Mme de Rênal), elle, au contraire, agit par amour, sans penser à elle, et brave le danger avec insouciance et énergie. Elle se comportera de la même façon dans les dernières pages du chapitre 30 avant le départ de Julien pour Paris.

Le monologue intérieur de M. de Rênal

Tout au long du roman, Stendhal multiplie les points de vue internes en transcrivant les monologues intérieurs de ses héros tandis que les autres personnages sont décrits de l'extérieur, avec une distanciation satirique. M. de Rênal, souvent regardé avec ironie et symbolisant un type social et politique, va prendre plus d'épaisseur dans le chapitre 21. Stendhal lui donne pour une fois des états d'âme et va consacrer six pages à transcrire ses souffrances et ses hésitations. On voit de l'intérieur l'isolement et les peurs du maire qui est devenu, au terme de cette scène de théâtre proche de certains monologues de Molière, un « homme vraiment à plaindre ».

LIVRE PREMIER — CHAPITRES 24 À 30

Le séminaire de Besançon

RÉSUMÉ

Julien découvre avec effroi l'atmosphère sinistre du séminaire : reçu par le portier puis par l'abbé Pirard, le directeur, il s'évanouit sous le coup de l'émotion et de la terreur. L'abbé, ayant lu la lettre de recommandation de son vieil ami, l'abbé Chelan, s'adoucit, contrôle les connaissances de Julien et, séduit par la clarté et la précision des réponses, lui accorde la bourse sollicitée par l'abbé Chélan et lui attribue une cellule individuelle.

Dès ses premiers contacts au séminaire, Julien déclenche l'hostilité de ses condisciples, paysans grossiers et vulgaires mais qui s'avèrent plus adroits et plus hypocrites que lui : il a commis la maladresse de choisir comme confesseur l'abbé Pirard, soupçonné de jansénisme* et très attaqué. Par ailleurs, ses brillants succès scolaires l'ont isolé et ont fait de lui l'ennemi de tous dans un univers conformiste et ennemi de la pensée personnelle. Une fouille opérée dans sa cellule est sur le point de le compromettre.

Le jour de la Fête-Dieu, Julien va aider l'abbé Chas-Bernard, le seul des professeurs à lui témoigner de l'amitié, à décorer la cathédrale, suscitant son admiration par son efficacité et sa hardiesse à monter dans les hauteurs au mépris du danger. Resté seul dans l'édifice pour garder les lieux pendant la procession, Julien aperçoit Mme Derville et Mme de Rênal, qui s'évanouit à sa vue. Mme Derville lui commande de partir. Julien, sur le point de s'évanouir aussi, s'éloigne.
La promotion de Julien par l'abbé Pirard, qui le nomme répétiteur, lui assure le respect de ses condisciples mais, lors des examens, il est rétrogradé aux dernières places à cause d'un piège tendu par l'abbé de Frilair, l'homme de la Congrégation*, qui veut ainsi offenser, à travers lui, l'abbé Pirard. Ce dernier, qui vient d'obtenir une très belle cure* près de Paris grâce à la protection du marquis de La Mole, charge son protégé de porter sa démission à l'évêque.
Le marquis de La Mole demande à l'abbé Pirard d'être son secrétaire mais ce dernier lui propose Julien, qui quitte donc Besançon. Auparavant, il va visiter Fouqué puis l'abbé Chélan qui l'incite à partir de Verrières « sans voir personne ». Mais Julien, à la nuit tombée, après s'être procuré une échelle, pénètre dans les jardins du maire et entre dans la chambre de Mme de Rênal qui le repousse avant de se jeter dans ses bras. Julien se cache dans sa chambre la journée suivante pendant que sa maîtresse brave tous les dangers. Durant la nuit, M. de Rênal est sur le point de les surprendre par deux fois et Julien n'a que le temps de sauter par la fenêtre, poursuivi par les domestiques qui tirent des coups de fusil sans l'atteindre.

REPÈRES POUR LA LECTURE

Julien, piètre Tartuffe

Si Julien, après Napoléon, considère Tartuffe « comme son maître [...] dont il savait le rôle par cœur » (Livre second, chapitre 13), il se révèle, à l'épreuve, un bien piètre hypocrite. Il est surclassé par tous les autres séminaristes dont la conduite est plus adroite et plus efficace que la sienne. Il accumule les erreurs de stratégie dès les premiers jours, comme le lui déclare « un petit séminariste tout jeune natif de Verrières » : le choix de son confesseur, son manque d'humilité et son besoin de se distinguer vont en faire l'ennemi de tous. Lui qui se croit très habile va tomber dans le piège grossier de l'abbé de Frilair au moment des examens (chapitre 29). Incapable de masquer ses vrais sentiments et de dissimuler, il ne sait séduire que par ses connaissances et ses qualités intellectuelles (l'abbé Pirard, l'évêque de Besançon).

La symbolique des hauteurs

Julien ne se sent à l'aise que dans des endroits élevés qui dominent, qui permettent une vue sur l'environnement, une échappée sur le ciel et la nature. La première apparition de Julien est très symbolique, perché en haut de la charpente, séparé du monde vulgaire de ses frères et de son père (chapitre 4). Il connaîtra un premier moment de bonheur en rencontrant la femme du maire devant sa maison, située « au sommet de la ville » et qui offre une vue qui « fait oublier au voyageur l'atmosphère empestée des petits intérêts d'argent dont il commence à être asphyxié » (chapitre 1). Fuyant cette bassesse, Julien montera plusieurs fois dans la montagne pour se ressourcer et respirer (chapitres 10 et 12). Au séminaire, il connaîtra un premier réconfort en obtenant de l'abbé Pirard une chambrette individuelle « au dernier étage de la maison » qui donne une vue charmante sur la campagne (chapitre 25). De même, au chapitre 28, le jour de la Fête-Dieu, il se déplacera avec aisance et bonheur dans les hauteurs de la cathédrale de Besançon pour la décorer. C'est encore prisonnier dans « l'étage supérieur d'un donjon gothique » qui lui permet « une échappée de vue superbe » que Julien, enfin isolé définitivement des piètres préoccupations humaines, connaîtra le bonheur avec Mme de Rênal (Livre second, chapitre 36).
Mais ce n'est pas seulement sur le plan physique que Julien recherche l'élévation : il oppose constamment la « bassesse » de son origine à la « hauteur du cœur qui bat dans cette poitrine » et il y a chez lui un besoin aristocratique de s'élever par ses talents au-dessus de la masse médiocre et anonyme et de se faire distinguer comme lors de la soirée passée avec l'évêque de Besançon (chapitre 29).

L'évanouissement de Mme de Rênal, préfiguration du dénouement
Dans la cathédrale de Besançon, Julien aperçoit Mme de Rênal, qu'il n'a pas vue depuis des mois, agenouillée dans le confessionnal. Lorsqu'elle entend le bruit des pas de Julien, elle détourne la tête : elle « jeta un petit cri et se trouva mal », elle « tomba en arrière ». De même que la scène de l'église de Verrières (chapitre 5) annonce la fin du roman, cette scène de la cathédrale de Besançon prépare la scène du meurtre de Mme de Rênal (Livre second, chapitre 35): même position des deux personnages, mêmes mots pour désigner la chute de Mme de Rênal. Mais l'avertissement de Mme Derville ne servira à rien et n'empêchera pas Julien de se diriger vers son destin tragique.

LIVRE SECOND — CHAPITRES 1 À 6

Premiers pas à Paris

RÉSUMÉ

Dans la malle-poste qu'il emprunte pour se rendre à Paris, Julien surprend la conversation de deux voyageurs qui dénoncent aussi bien la société parisienne (« comédie perpétuelle ») que la société provinciale (« enfer d'hypocrisie et de tracasseries »). Arrivé à Paris, Julien fait un pèlerinage à la Malmaison pour sacrifier au culte de Napoléon, puis retrouve l'abbé Pirard qui lui explique quelle sera sa situation chez le marquis de La Mole et lui offre de partager sa cure si sa nouvelle vie ne lui convient pas. Julien, les larmes aux yeux, s'exclame qu'il a « retrouvé un père en lui ». L'abbé Pirard l'emmène à l'*Hôtel de La Mole* pour le présenter à son nouvel employeur, à son fils, le comte Norbert, un élégant jeune homme, et à sa fille Mathilde, qui, quoique « fort bien faite », ne plaît pas à Julien. Le premier dîner est « une sorte d'examen » où il fait bonne figure grâce à son excellente connaissance du latin.
Julien apprend à monter à cheval, à tirer au pistolet. À la suite d'un quiproquo, il se bat en duel avec un jeune diplomate, le chevalier de Beauvoisis, qui se prend d'amitié pour lui et parfait son éducation en

l'emmenant à l'opéra. Julien s'ennuie et a du mal à se mettre au diapason des salons parisiens dont la langue est « comme une langue étrangère qu'il eût comprise et admirée, mais qu'il n'eût pu parler ».

REPÈRES POUR LA LECTURE

Le rêve impossible d'« une petite place pour le simple passager »

La conversation dans la malle-poste constitue un condensé des vues de Stendhal sur la société. Saint-Giraud, un des voyageurs, se décrit comme un esthète n'appartenant à aucun parti. « Voici toute ma politique : J'aime la musique, la peinture ; un bon livre est un événement pour moi. » Il a dû, hélas, renoncer à vivre tranquillement sur ses terres provinciales, s'étant trouvé en butte aux persécutions de tous pour n'avoir pris parti ni pour la Congrégation* ni pour les libéraux. « La paix des champs est [...] un enfer », conclut-il. Impossible, donc, d'échapper aux intrigues de la politique pour se réfugier dans le monde pur des jouissances esthétiques. La société ne permet pas à l'individu de jouir de la vie en se tenant à l'écart des intrigues. Quand on est passager, on se trouve contraint de participer aux manœuvres...

L'ennui des salons parisiens

Tout le monde s'ennuie horriblement dans les salons, peuplés de « grands seigneurs muets » et d'« intrigants la plupart tarés ». Quant à la conversation, « pourvu qu'on ne plaisantât ni de Dieu, ni des prêtres, ni du roi, ni des gens en place, ni des artistes protégés par la cour, ni de tout de qui est établi [...] pourvu surtout qu'on ne parlât jamais de politique, on pouvait librement raisonner de tout ». Ce passage, qui dénonce le conformisme étouffant de la société de la Restauration et la perte du sens du plaisir, est une parodie d'une tirade du *Mariage de Figaro* de Beaumarchais. Cet ennui est la clef du comportement de M. de La Mole et encore plus de celui de sa fille Mathilde, qui s'intéresseront à Julien parce qu'il tranche sur la platitude environnante.

Julien gagne les faveurs du marquis et de Mathilde

RÉSUMÉ

Prisonnier d'une attaque de goutte, le marquis de La Mole s'attache à Julien qui a pour mission de l'amuser. Il lui offre un habit bleu : quand Julien le portera, il sera traité sur un pied d'égalité. Le marquis l'envoie en mission à Londres, où il se lie avec de jeunes dandys russes, dont le prince Korasoff. Au retour, il lui remet une croix, qui jouera le même rôle que l'habit bleu. Au moment où il franchit ces échelons décisifs de la réussite sociale, Julien se rend coupable de sa première mauvaise action (faire attribuer des places à des gens qui ne les méritent pas). Toutefois, il blinde sa conscience : « [I]l faudra en venir à bien d'autres injustices. » Il rencontre dans un grand bal le comte Altamira, condamné à mort dans son pays pour une conspiration qui a échoué parce qu'il n'a pas voulu tuer ni corrompre. Ils échangent des propos politiques passionnés qui font grand effet sur Mathilde. Julien se pose la question de la fin et des moyens : « Faut-il voler, faut-il se vendre ? », question qu'il pose sous une autre forme à Mathilde qui vient le retrouver dans la bibliothèque le lendemain : « [L]'homme qui veut chasser l'ignorance et le crime de la terre, doit-il passer comme la tempête et faire le mal au hasard ? » Voyant Mathilde arriver en grand deuil, Julien en demande la raison à un intime de la maison qui lui répond qu'elle porte le deuil de son ancêtre Boniface de La Mole, amant de Marguerite de Navarre, qui périt décapité. Celle-ci récupéra sa tête après l'exécution et alla l'enterrer elle-même, geste que Mathilde trouve sublime. Julien a plaisir à bavarder avec elle, la trouve « savante et même raisonnable » et en oublie son rôle de « plébéien révolté ». Leurs relations sont celles d'un « commerce armé ». Elle flatte sa vanité et il s'avoue qu'elle lui plaît. Mathilde, qui était à la recherche d'un homme « qui fût un peu amusant », se dit tout d'un coup qu'elle a « le bonheur d'aimer ». Elle repasse dans sa tête toutes les descriptions de passion qu'elle a lues et se promet une passion digne d'elle, à l'opposé de l'amour « qui fait bâiller », celui que lui offrirait un homme de son rang. Enthousiasmée par « l'immensité de la difficulté à vaincre », elle ne s'ennuie plus une seconde.

REPÈRES POUR LA LECTURE

Mathilde se donne une grande passion

Utilisant en virtuose toutes les techniques narratives (passage du regard extérieur au monologue intérieur), Stendhal peint avec beaucoup d'humour un personnage de jeune fille à la fois attachant et insupportable. Mathilde est très jeune (dix-neuf ans), gâtée par tous les avantages de la naissance qu'elle se plaît à énumérer (noblesse, richesse, beauté) et tranche sur son milieu par son caractère romanesque. Elle s'ennuie et regrette le temps de son aïeul Boniface, celui où les grandes passions inspiraient de grandes actions. Elle se récite des phrases de romans (*Manon Lescaut, La Nouvelle Héloïse,* les *Lettres d'amour d'une religieuse portugaise* nous sont explicitement donnés comme ses modèles) ; son monologue intérieur est truffé d'expressions qui leur sont empruntées (ex. : « noire incertitude ») et elle veut imiter les amours de Marguerite de Valois avec son ancêtre La Mole.
En somme, Julien se présente à point pour remplir le rôle qu'elle lui prescrit dans le roman qu'elle s'invente. Quant à lui, il remarque l'étrange conduite de Mathilde, mais est sensible à son absence de spontanéité : « [M]ême quand ses beaux yeux bleus fixés sur moi sont ouverts avec le plus d'abandon, j'y lis toujours un fond d'examen, de sang-froid et de méchanceté. Est-il possible que ce soit là de l'amour ? » Et il fait le parallèle avec les regards si tendres de Mme de Rênal, dans un mouvement de comparaison qui se répétera tout au long du roman.

Double conquête

RÉSUMÉ

En butte aux froideurs de Norbert et de la clique de Mathilde à cause des marques de faveur qu'elle lui prodigue, Julien annonce son départ pour le lendemain. Le soir même, il reçoit une déclaration d'amour de Mathilde. Il est « fou de bonheur », non parce qu'il est amoureux mais parce que lui, « pauvre paysan », a reçu une déclaration d'amour d'une grande dame et qu'il l'emporte ainsi sur le marquis de Croisenois. Saisi un moment de scrupules à l'idée de séduire la fille de son bienfaiteur, il se reprend : « Chacun pour soi dans ce désert d'égoïsme qu'on appelle la vie. » Se méfiant de cette « grande poupée blonde », il répond diplomatiquement à sa déclaration. Mathilde, toute à ses rêves d'amours héroïques, lui donne rendez-vous dans sa chambre où il doit entrer par la fenêtre, après minuit. Julien craint un complot des « jolis petits messieurs » pour le tuer impunément, mais se dit que partir serait une lâcheté. Il grimpe donc à la fenêtre et se sent très embarrassé parce qu'il « n'avait pas d'amour du tout ». Il avoue ses soupçons à Mathilde, puis, faute d'inspiration, lui récite des phrases de *La Nouvelle Héloïse*. Il parvient à un « bonheur d'amour-propre » aux antipodes de la « volupté de l'âme » trouvée auprès de Mme de Rênal. Mathilde éprouve du « malheur » et « de la honte » et se demande si elle s'est trompée en croyant l'aimer.

REPÈRES POUR LA LECTURE

À l'amour comme à la guerre

La double conquête est un épisode quasi comique : les deux protagonistes n'éprouvent en fait aucun désir et vont à l'amour comme on va à la guerre, en se forçant. Julien emploie constamment des métaphores militaires pour évoquer la séduction de Mathilde (« la bataille qui se prépare », « Aux armes »). Ces métaphores sont à rapprocher de celles qu'il utilisait pour se donner le courage de prendre la main de Mme de Rênal (I, 9). Mathilde, dans toute sa conduite avec lui, loin de céder à la passion, « accomplit un devoir ». Rien d'étonnant à ce que ses transports soient « un peu *voulus* » et à ce que Julien n'éprouve que « le plus vif bonheur d'ambition » en guise de volupté...

LIVRE SECOND – CHAPITRES 17 À 20

Des amours tumultueuses

RÉSUMÉ

Le lendemain, l'air « sec et méchant » de Mathilde contraste avec les « transports de bonheur trop excessifs pour être vrais » de la nuit précédente. Elle craint de « s'être donné un maître » puisque Julien peut la trahir, mais ce dernier interprète cet air comme un signe de mépris. Les voilà animés l'un contre l'autre « de la haine la plus vive ». Quand Mathilde s'exclame : « J'ai horreur de m'être livrée au premier venu », Julien saisit une vieille épée accrochée au mur. Il la remet ensuite négligemment dans son fourreau, mais Mathilde jubile d'avoir failli être tuée par son amant. La lutte de pouvoir continue : chaque fois qu'elle se croit aimée, Mathilde méprise Julien. Exaltée par un air sublime entendu à l'opéra, elle décide de se punir de son « excès d'adoration » pour lui en affectant une totale indifférence. Désespéré, Julien pense au suicide, puis, dans un « éclair de génie » va chercher l'échelle et grimpe jusqu'à la fenêtre de Mathilde. Elle lui ouvre, se précipite dans ses bras. une série de points de suspension nous laisse imaginer la suite. Le texte reprend par une phrase qui en dit long : « Qui pourra décrire l'excès de bonheur de Julien ? Celui de Mathilde fut presque égal. » Elle se coupe un côté de cheveux et les lance par la fenêtre à celui qu'elle appelle alors son « maître ». Toujours fantasque, le surlendemain, elle se sent « lasse d'aimer » et lui bat froid. Puis, tourmentée par les « remords de la vertu et ceux de l'orgueil », elle lui déclare qu'elle ne l'aime plus et l'accable des « marques de mépris les plus excessives ». Julien se dit qu'elle est folle, mais adorable.

Un « amour de tête »

La peinture des sentiments de Mathilde est l'occasion pour Stendhal de s'amuser. La scène de l'épée est digne d'une comédie. Mathilde continue à suivre les modèles que lui offrent l'opéra et la littérature et s'installe dans le registre du sublime. Même le charme physique de Julien est justifié comme « la saillie d'une grande âme ». Tout est toujours vécu au second degré : Mathilde se regarde agir et se crée elle-même comme un personnage de roman. Seuls le danger et l'incertitude l'excitent. Julien n'est pas à la hauteur de sa sophistication, ne comprend pas les règles du jeu cruel de Mathilde et ne trouve que par hasard les gestes dramatiques qu'elle attend (l'épée, l'échelle pour monter à sa fenêtre une deuxième fois). Il est donc « l'un des hommes les plus malheureux ».

« Un roman est un miroir qui se promène sur une grande route »

Le chapitre 19 contient une des « interventions d'auteur » les plus célèbres de Stendhal. Celui-ci reprend une formule célèbre qu'il a déjà utilisée en exergue au chapitre 13 et qui est une sorte d'art poétique réaliste présentant le roman comme le reflet de son époque : « Tantôt il reflète l'azur des cieux, tantôt la fange des bourbiers de la route. Et l'homme qui porte le miroir dans sa hotte sera par vous accusé d'être immoral ! son miroir montre la fange et vous accusez le miroir ! »

Cependant, quoiqu'il ait sous-titré son roman « Chronique de 1830 » et qu'il insiste sur les circonstances historiques démoralisantes de cette époque, Stendhal n'a nullement pour but de faire besogne d'historien. C'est le destin des individus qui l'intéresse avant tout et la peinture sociale n'est là que pour expliquer leurs aventures et leur état d'âme.

Une conspiration

RÉSUMÉ

Le marquis de La Mole, après s'être assuré de l'excellente mémoire de Julien, l'emmène à une réunion secrète. Il s'agit d'un complot aristocratique des ultras* destiné à écraser les « majorités crottées ». Une fois la note secrète apprise par cœur, Julien doit aller la réciter à un « grand personnage » à Strasbourg. M. de La Mole l'avertit des dangers qu'il court durant cette mission. Parvenu à Strasbourg après avoir déjoué une tentative d'assassinat, Julien s'acquitte de sa mission et retrouve son ami, le prince Korasoff, qui lui propose la main et la fortune d'une de ses cousines, en Russie. Il décline l'offre, par attachement à Mathilde, qu'il décide de reconquérir grâce à la stratégie recommandée par Korasoff, expert en la matière.

REPÈRES POUR LA LECTURE

La corruption politique

Ces chapitres peignent la vie politique sous la Restauration : intrigues, corruption, hypocrisie étouffent la société. M. de La Mole énonce clairement la raison de la censure : « Entre la liberté de la presse et notre existence comme gentilshommes, il y a guerre à mort. » Le chapitre 22 est l'occasion d'une intervention d'auteur humoristique sous la forme d'un dialogue entre l'auteur et son éditeur : « Ici l'auteur eût voulu placer une page de points. Cela aura mauvaise grâce, dit l'éditeur, et pour un écrit aussi frivole, manquer de grâce, c'est mourir. – La politique, reprend l'auteur, est une pierre attachée au cou de la littérature, et qui, en moins de six mois, la submerge. La politique au milieu des intérêts d'imagination, c'est un coup de pistolet au milieu d'un concert. »

La formule est restée célèbre et l'on peut se demander pourquoi, dans ces conditions, Stendhal fait une si large place à la politique dans son roman. C'est que l'épopée de l'individu s'inscrit obligatoirement dans le contexte de la société où il vit : les rêves napoléoniens de Julien et les fantasmes héroïques de Mathilde ne se comprennent qu'avec pour toile de fond la société stérile, rétrograde, empaillée de la Restauration.

LIVRE SECOND – CHAPITRES 25 À 29

Julien reconquiert Mathilde : la « méthode Korasoff »

RÉSUMÉ

Korasoff avait conseillé à Julien de faire la cour à une femme de la société de sa « cruelle maîtresse » (Mathilde, que Julien avait évoquée sans la nommer) pour susciter sa jalousie et lui avait à cet effet donné cinquante-trois lettres d'amour numérotées. Choisissant pour instrument de ses manœuvres la maréchale de Fervaques, Julien s'introduit chez elle grâce au comte Altamira et entame son « siège ». Il porte chez elle copie des premières lettres, très ennuyeuses, « sur le néant, la mort, l'infini » et la dévote les agrée Il lui fait la conversation dans le salon de Mathilde, qui écoute tout, fascinée par son « machiavélisme ». Mme de Fervaques s'ennuie tant qu'elle finit par répondre aux lettres de Julien. Mathilde, en les découvrant, laisse exploser sa jalousie. Touché par ses larmes, Julien résiste à l'envie de la serrer dans ses bras, par crainte de perdre le bénéfice de son jeu. Mathilde se jette à ses genoux en lui disant : « [M]éprise-moi si tu veux, mais aime-moi, je ne puis plus vivre privée de ton amour. » Julien a donc la satisfaction de voir « cette orgueilleuse » à ses pieds.

REPÈRES POUR LA LECTURE

Une parodie des conquêtes épistolaires

La campagne pour séduire la dévote maréchale de Fervaques rappelle sur le mode parodique la conquête de la Présidente de Tourvel par Valmont dans *Les Liaisons dangereuses*. Mais, alors que la Présidente est follement amoureuse et que Valmont finit par se prendre lui aussi au jeu de l'amour, Julien et la maréchale jouent une comédie insipide. Au point que Stendhal va au-devant des protestations du lecteur : « Tout l'ennui de cette vie sans intérêt que menait Julien est sans doute partagé par le lecteur. Ce sont là les landes de notre voyage. » L'ennui, donc, que nous éprouvons sert à nous faire ressentir celui de Julien. Ce thème de l'ennui revient sans cesse dans le roman : on s'ennuie en province, on s'ennuie à Paris, on s'ennuie au séminaire, on s'ennuie dans les salons. Mathilde, au caractère extravagant, fait des folies pour échapper à l'ennui mais un personnage aussi falot que la maréchale en souffre elle aussi cruellement. Cet ennui si généralisé est sans doute la clef des intrigues amoureuses mais peut-être aussi celle des intrigues politiques et même financières. M. de La Mole fait des procès pour se désennuyer, même s'ils lui coûtent cher...

LIVRE SECOND – CHAPITRES 30 À 32

Julien en dompteur de tigre

RÉSUMÉ

Julien, très ému par la déclaration de Mathilde, se compare à un général qui vient de gagner à demi une grande bataille. Poursuivant l'analogie militaire, il relit le *Mémorial de Sainte-Hélène** et conclut qu'il doit faire peur à Mathilde. Quand elle lui offre de partir avec lui à Londres, il rétorque que dans huit jours, son amour aura peut-être cessé. Il n'ose pas « s'abandonner » et compare mentalement leurs relations à celles d'un voyageur anglais caressant le tigre qu'il a élevé en gardant un pistolet armé à portée de main. Puis coup de théâtre : Mathilde annonce à Julien qu'elle est enceinte. Elle écrit une longue lettre à son père, où elle s'accuse d'avoir pris l'initiative de séduire Julien. Elle plaide ensuite habilement la cause de Julien et conclut en sollicitant indirectement l'appui du marquis : « Mon Julien atteindrait une haute position même sous le régime actuel, s'il avait un million et la protection de mon père... » De son côté, Julien se demande où est son devoir et où est son intérêt et reconnaît que le marquis a fait de lui « un homme du monde ».

Un modèle de rhétorique

La lettre de Mathilde à son père révèle à la fois sa fine connaissance des ressorts psychologiques de celui-ci et son art rhétorique. Elle joue sur l'affection qui les unit indépendamment même des liens familiaux : « Je ne puis empêcher que vous soyez irrité comme père ; mais aimez-moi comme ami. » Elle rappelle habilement la valeur de Julien (« Pourquoi aviez-vous placé le vrai mérite sous mes yeux ? ») et le fait qu'il l'a lui-même reconnu (« ce jeune Sorel est le seul être qui m'amuse »). Elle innocente totalement Julien (« Julien me respectait [...]. C'est moi qui [...] »), va au-devant des reproches pour les désamorcer (« C'est en vain que, dans le dessein de vous plaire, j'ai songé à M. de Croisenois ») et évoque plusieurs scénarios pour l'avenir, faits pour horrifier le marquis, tout en en suggérant indirectement un autre, au conditionnel, à la fin de la lettre. C'est, bien sûr, ce dernier qu'elle espère voir réaliser : il suffirait de l'appui du marquis pour que Julien accède au rang élevé que seul son manque de naissance et de fortune l'empêche d'occuper. On ne peut qu'admirer l'habileté manœuvrière de Mathilde et s'étonner que, sachant si bien jouer avec les sentiments du marquis, elle soit si immanquablement maladroite avec Julien.

LIVRE SECOND – CHAPITRES 33 À 35 (DÉBUT)

Julien voit tous ses rêves se réaliser

RÉSUMÉ

Le marquis est fou de colère, non parce que sa fille s'est « déshonorée » mais parce que son rêve de la voir devenir duchesse s'écroule et il accable Julien d'« injures atroces ». Julien rédige un billet où il annonce son suicide, le donne au marquis et lui dit qu'il peut aussi bien le faire assassiner par son valet de chambre. Puis, après avoir vainement attendu au jardin quelques heures l'éventuelle vengeance du marquis, il part voir l'abbé Pirard pour lui demander conseil. Mathilde prévient son père qu'elle portera le deuil et sera publiquement « madame veuve Sorel » s'il le fait tuer. Elle repousse la solution de l'accouchement clandestin et, soutenue par l'abbé Pirard, exige le mariage. Le marquis, obligé de renoncer à « dix années de rêveries agréables », n'arrive pas à se décider. Il remet à Mathilde une lettre par laquelle il donne ses terres de Languedoc à sa fille et à M. Julien Sorel, avec les revenus afférents. Julien, qui rêve à son futur fils, est surpris de cette fortune imprévue. Quant à Mathilde, « tous ses sentiments étaient absorbés dans son adoration pour son mari, car c'est ainsi que son orgueil appelait toujours Julien ». Elle est parvenue à l'« aimer réellement » et conjure son père d'assister à leur mariage, qui sera célébré par l'abbé Pirard. Le marquis reconnaît à Julien « une singulière aptitude aux affaires, de la hardiesse, peut-être même du *brillant* », mais trouve au fond de son caractère « quelque chose d'effrayant ». Il se demande s'il y a eu « amour véritable, imprévu » ou bien « désir vulgaire de s'élever à une belle position ». Il envoie à Mathilde un brevet de lieutenant des hussards pour M. le chevalier Julien Sorel de La Vernaye et un mandat, avec ordre pour Julien de rejoindre son régiment à Strasbourg. Mathilde veut la promesse que son mariage sera publiquement célébré le mois suivant, mais le marquis refuse de s'engager avant d'avoir obtenu les informations demandées (« Je ne sais pas encore ce que c'est que votre Julien, et vous-même vous le savez moins que moi »). Julien, apprenant qu'il est lieutenant de hussards, éprouve une joie sans bornes. À Strasbourg, où il rejoint son régiment, montant le plus beau cheval d'Alsace, il est l'incarnation du succès. Son adresse aux armes et sa politesse parfaite finissent de lui gagner l'opinion publique du régiment. Il se voit déjà commandant en chef à trente ans, « [I]l ne pensait qu'à la gloire et à son fils ».

REPÈRES POUR LA LECTURE

Le couronnement des rêves de Julien : la première fin du roman

Quoiqu'il n'ait pas séduit Mathilde par calcul, Julien est sur le point de réaliser ses plus folles ambitions grâce à cette liaison. Le voilà pourvu d'un nom noble, d'un brevet de lieutenant et de l'uniforme

rouge qu'il enviait tant. Pas un mot pour évoquer ses sentiments vis-à-vis de Mathilde : par contre, une projection inattendue sur son futur fils, pour lequel il éprouve maintenant une « passion ». Quand il apprend, par l'abbé de Frilair, que l'on reconnaîtra implicitement sa « haute naissance » (fils d'un aristocrate en exil, ayant eu Sorel comme père nourricier), sa joie est sans bornes : cette fable vient justifier sa haine de son père (« je ne serais plus un monstre ! ») et confirmer ses fantasmes personnels (être le fils naturel d'un grand seigneur exilé). Ne pas être le fils de son père : on reconnaît là un fantasme personnel de Stendhal, qui avait perdu à sept ans une mère qu'il adorait, et haïssait absolument son père.
Le roman pourrait s'arrêter là, sur la réussite de Julien (« Après tout, pensait-il, mon roman est fini »). Le *Rouge* serait alors l'histoire d'un ambitieux qui réussit : fin réaliste, qui tirerait le texte vers la critique sociale et confirmerait l'image d'ambitieux sans scrupules que le héros a de lui-même. La suite du roman nous entraîne dans une tout autre voie.

LIVRE SECOND – CHAPITRES 35 (FIN) ET 36

Coup de théâtre : Julien tire sur Mme de Rênal

RÉSUMÉ

Mathilde envoie un message à Julien le sommant de revenir immédiatement et l'assurant de son amour dans l'adversité (« Tout est perdu ») : en effet, M. de La Mole a reçu de Mme de Rênal une lettre dénonçant Julien comme un vil intrigant qui séduit les femmes pour « disposer du maître de la maison et de sa fortune ». Julien part pour Verrières, achète une paire de pistolets, entre dans l'église et, au moment de l'élévation, tire deux coups de pistolet sur Mme de Rênal. Le premier la manque. Au second, elle tombe. Il est arrêté et mené en prison. Au juge venu l'interroger, il déclare qu'il a donné la mort avec préméditation, qu'il mérite la mort et qu'il l'attend. Puis il s'acquitte d'un « ennuyeux devoir à remplir » : écrire à Mathilde. Il lui demande pardon, lui recommande de ne jamais parler de lui, même à son fils, et d'épouser M. de Croisenois un an après sa mort. Cela fait, « un peu revenu à lui, il fut soudain très malheureux ». Il lui faut arracher de son cœur toutes ses ambitions. Le geôlier, acheté par Mme de Rênal, le traite bien et lui apprend que celle-ci n'est pas morte. Julien tombe à genoux, pleurant à chaudes larmes, et sort de « l'état d'irritation physique et de demi-folie » où il était depuis son départ de Paris. On le transfère à la prison de Besançon, en haut d'un donjon gothique, d'où il a une vue superbe. Il ne pense plus au moment de sa mort et n'a plus le désir d'y échapper en se suicidant.

REPÈRES POUR LA LECTURE

Qui perd gagne

Parvenu à la réalisation de ses rêves, Julien perd brusquement tout par la faute de Mme de Rênal. On pense donc que la haine et le désir de vengeance l'animent lorsqu'il tire sur elle. Pourtant, lorsqu'il apprend un peu plus tard, en prison, qu'elle n'est pas morte, il est transporté de bonheur. Il est comme converti, touché par la grâce : il en vient même à croire en Dieu. La transformation est totale. C'est comme si Julien accédait à sa vérité profonde : il avait bâti toute sa vie sur l'ambition et pourtant il se trompait sur lui-même en se croyant ambitieux. C'est comme si le « faux moi » se dissolvait pour laisser place au vrai moi : « Chose étonnante ! se disait-il, je croyais que par sa lettre à M. de La Mole [Mme de Rênal] avait détruit à jamais mon bonheur à venir, et, moins de quinze jours après la date de cette lettre, je ne songe plus à tout ce qui m'occupait alors... » Paradoxalement, c'est en prison qu'il trouve la vie « agréable » (« ce séjour est tranquille ; je n'y ai point d'ennuyeux »). On peut dire que « qui perd gagne » : la ruine de toutes ses ambitions délivre Julien, enfin libre d'être lui-même. C'est pourquoi le dénouement que laisse attendre le récit jusqu'au milieu du chapitre 35 (Julien devenu le chevalier Sorel de La Vernaye, lieutenant de hussards, époux de la très riche et très noble Mathilde de La Mole, sans doute appelé à devenir pair de France grâce à son beau-père) est une fausse fin, qui permet au vrai Julien d'émerger des dépouilles du faux moi.

Arracher Julien à la mort

RÉSUMÉ

Julien reçoit une série de visites. La première est celle du bon abbé Chélan qui, presque incapable de parler, pleure en retrouvant son ancien élève. « La main du temps s'était appesantie sur cet homme autrefois si énergique » et un air apathique a remplacé les nobles sentiments qui se lisaient autrefois sur son visage. Julien reste totalement abattu par cette vision de la vieillesse et de la « laideur » de la mort, puis il se dit que son exécution lui évitera cette « triste décrépitude ». Arrive ensuite son ami Fouqué, qui, éperdu de douleur, a le projet de vendre tous ses biens pour organiser l'évasion de Julien. Sacrifice sublime qui fait oublier à Julien les fautes de français et les manières vulgaires de son ami. Ce dernier va voir l'abbé de Frilair et lui offre naïvement de l'argent à « distribuer en messes, pour implorer l'acquittement de l'accusé ». La visite suivante est celle de Mathilde, déguisée en paysanne, qui se jette dans ses bras. Julien la trouve « fort jolie » et admire la noblesse de sa conduite. « Il crut encore aimer une reine et céda à l'enchantement. » Il expose alors l'avenir qu'il avait prévu pour elle : épouser M. de Croisenois et se résigner à « être heureuse du bonheur de tout le monde : la considération, les richesses, le haut rang... » Sa venue à Besançon risque de tout gâcher. Julien « se livra avec délices à l'amour de Mathilde ; c'était de la folie, de la grandeur d'âme, tout ce qu'il y a de plus singulier. Elle lui proposa sérieusement de se tuer avec lui ». Elle admire son amant « qu'elle trouva bien au-dessus de ce qu'elle s'était imaginée. Boniface de La Mole lui semblait ressuscité mais plus héroïque » Elle multiplie les démarches pour obtenir l'acquittement de Julien et va voir M. de Frilair en qui elle a reconnu l'homme clef. Elle lui fait miroiter son amitié avec la puissante maréchale de Fervaques, dont l'oncle fait tous les évêques de France. L'abbé se vante d'avoir dans la poche la majorité des notables qui seront les jurés, quel que soit le tirage au sort. Puis il s'amuse à éveiller la jalousie de Mathilde en l'assurant que Mme de Rênal est fort loin d'être « sans agréments » et que Julien a tiré sur elle dans l'église parce qu'il était jaloux de son confesseur. Mathilde éprouve pour lui « la passion la plus extraordinaire et la plus folle » et fatigue Julien à force d'héroïsme. Il rêve d'une « tendresse simple, naïve et presque timide » : en fait, il est « éperdument amoureux » de Mme de Rênal. Il demande à Mathilde de mettre leur enfant en nourrice à Verrières pour que Mme de Rênal puisse s'en occuper. Il justifie cette requête en lui peignant son avenir : devenir une puissance politique en prêtant son génie à M. de Croisenois, qu'elle aura épousé. Julien se sent coupable de sa froideur vis-à-vis de Mathilde, mais il a la tête pleine de « rêveries tendres » que dérangent ses visites et celles de son avocat. « Laissez-moi ma vie idéale. Vos petites tracasseries, vos détails de la vie réelle [...] me tireraient du ciel. » Sa pensée est à Vergy (lieu de ses amours avec Mme de Rênal)... L'abbé de Frilair, qui a la certitude de recevoir un évêché grâce à Mathilde, se prépare à circonvenir les jurés. De son côté, Mme de Rênal écrit personnellement à chacun d'eux pour leur dire que sa blessure est bénigne, que le geste de Julien est le résultat d'un « moment de folie » dû à un excès de mélancolie. Et elle les adjure d'épargner « cet être si peu coupable ».

REPÈRES POUR LA LECTURE

Rêveries

Cette séquence met en contraste la tranquillité de Julien, qui « rêve » et refuse de penser à sa mort, et l'activité frénétique que déploient pour le sauver ceux qui l'aiment, en particulier Mathilde.

Julien se détourne totalement du présent (préparation du procès) pour se plonger dans des « rêveries tendres » dont l'objet est Mme de Rênal (« Sa pensée était à Vergy »). Il a enfin trouvé sa « vie idéale », à l'abri de la « vie réelle », et refuse de penser à sa mort (« ce duel à issue malheureuse, dont je ne m'occuperai sérieusement que le jour même »). Avec son ambition s'est volatilisé son amour pour Mathilde (« [D]ire que j'ai désiré avec tant de passion cette intimité parfaite qui aujourd'hui me laisse si froid !... »). Et son amour pour Mme de Rênal a ressurgi (« il en était éperdument amoureux »). Il ne se sent plus rien de commun avec le fringant chevalier Sorel de La Vernaye, tout occupé de son bel uniforme et de son brillant avenir. La prison l'a libéré du souci de la société, du regard des autres, de la nécessité de s'imposer face à eux : « Que m'importent *les autres* ? Mes relations avec *les autres* vont être tranchées brusquement. » Il est désormais libre d'écouter son propre cœur et, tournant le dos à l'avenir, de se délecter des souvenirs heureux : « Il est singulier [...] que je n'aie connu l'art de jouir de la vie que depuis que j'en vois le terme si près de moi. » La seule pensée d'avenir qu'ait Julien concerne son fils, et par un acte révélateur, il transfère symboliquement la maternité de l'enfant sur Mme de Rênal en demandant à Mathilde de lui confier la surveillance de la nourrice. Il se dit : « Dans quinze ans, Mme de Rênal adorera mon fils », alors que Mathilde l'aura oublié.

« La passion la plus extraordinaire et la plus folle »

Mathilde, « exaltée par un sentiment dont elle était fière », multiplie les « folies » en faveur de Julien. La voilà parvenue au sublime dont elle rêvait. Son orgueil la place « hors du commun » et au-dessus du souci mesquin de sa réputation. Elle jouit du personnage héroïque qu'elle incarne (« [I]l fallait toujours l'idée d'un public et *des autres* à l'âme hautaine de Mathilde »). Sa jalousie envers Mme de Rênal ne fait qu'exalter son amour : « Sa passion n'eut désormais ni bornes, ni mesure. » Elle se dit qu'elle mourra après Julien et tire gloire des circonstances extraordinaires de son amour : « Que diraient les salons de Paris en voyant une fille de mon rang adorer à ce point un amant destiné à la mort ? Pour trouver de tels sentiments, il faut remonter au temps des héros.» Les circonstances lui offrent enfin l'occasion de se montrer à la hauteur de son ancêtre Boniface de La Mole; aussi l'horreur de l'exécution de Julien est-elle mêlée d'un sentiment d'héroïsme « qui n'était pas sans bonheur ». « Non, le sang de mes ancêtres ne s'est point attiédi en descendant jusqu'à moi, se disait Mathilde avec orgueil. » Il faut toujours qu'elle prenne la pose !

La condamnation

RÉSUMÉ

Toute la province est accourue à Besançon pour assister au jugement. Mathilde a porté à M. de Frilair une lettre de l'évêque, oncle de Mme de Fervaques, qui réclame l'acquittement. Frilair répond de la décision des jurés parce qu'il leur a fait dire de s'aligner sur M. de Valenod (auquel il a promis, pour la peine, une préfecture). Au tribunal, Julien s'aperçoit qu'il inspire « une pitié tendre », en particulier aux jolies femmes qui remplissent les tribunes. Son avocat prononce une plaidoirie qui emporte l'approbation du public. Quand le président demande à Julien s'il a quelque chose à ajouter, il décide brusquement de parler, et prononce un discours véhément où il se présente comme le représentant d'un ordre inférieur de la société jugé par des « bourgeois indignés ». Il rappelle sa préméditation, puis dit son repentir et « l'adoration filiale et sans bornes que, dans des temps plus heureux, il avait pour madame de Rênal ».
Après avoir délibéré, le jury revient et le baron de Valenod annonce que l'accusé est reconnu coupable de meurtre avec préméditation, ce qui entraîne la peine de mort. Les femmes sanglotent; on entend le cri de Mathilde, cachée dans une petite tribune.
Julien est ramené en prison, mais cette fois on le met dans un cachot. Confronté à sa fin prochaine, il médite : y a-t-il une autre vie ? Et s'il y a un dieu, est-ce le despote de la Bible ou le dieu de douceur de Fénelon ? Il repense à toute sa conduite, aux deux êtres qu'il a portés en lui, l'amoureux de Mme de Rênal et l'ambitieux amant de Mathilde. Sur ces entrefaites, arrive Mathilde qui veut lui faire signer son appel du jugement, mais il refuse et elle s'emporte violemment contre lui. Elle fait entrer l'avocat, mais Julien ne cède pas. L'avocat s'en va en lui rappelant qu'il a trois jours pour faire appel.

« Un paysan qui s'est révolté contre la bassesse de sa fortune »
Tout semble aller au mieux pour Julien quand il décide de s'adresser aux jurés. Loin de se justifier, Julien s'accable en rappelant que son crime est « atroce, et qu'il fut *prémédité* », qu'il mérite donc la mort. Puis son discours devient une sorte de réquisitoire à base de lutte de classes : en exécutant Julien, ce « paysan qui s'est révolté contre la bassesse de sa fortune », les jurés viseront à décourager « cette classe de jeunes gens qui, nés dans un ordre inférieur, et en quelque sorte opprimés par la pauvreté, ont le bonheur de se procurer une bonne éducation, et l'audace de se mêler à ce que l'orgueil des riches appelle la société ». Julien se présente donc non comme un individu aveuglé par la rage mais comme le représentant d'une classe, dont le vrai crime serait non d'avoir tiré sur Mme de Rênal mais d'être sorti de sa classe, d'être « parvenu ». Il met le comble à la provocation en traitant les jurés de « bourgeois indignés ». C'est comme si Julien avait décidé d'être condamné : son discours peut être interprété comme un suicide déguisé (« [S]a mort sera une sorte de suicide », remarquera un peu plus loin l'astucieux abbé de Frilair). Quant à son « appartenance de classe », elle peut faire sourire . Julien ne déteste rien tant que le peuple (voir son mépris pour les manières communes), si ce n'est les parvenus (les « bourgeois enrichis »), et il condamne les nobles pour leur égoïsme et leur morgue. Il n'est porteur d'aucun projet politique, ne se propose pas non plus, comme le ferait un anarchiste, de détruire un ordre social haïssable. Il n'a donc en fait aucune place dans la société, d'où son bonheur dans les rares moments où il est rendu à la simple jouissance de son être, en dehors de tout contexte social (grotte près de Verrières, donjon dominant Besançon). Ce comédien dira à Mathilde qu'il improvisait pour la première fois de sa vie : son discours est donc comme le jaillissement d'une conscience toujours bridée.

Julien face à la mort, bonheur ultime, dénouement

RÉSUMÉ

Julien est réveillé par les larmes de Mme de Rênal. Il se jette à ses pieds et lui demande pardon ; elle accepte de lui pardonner à condition qu'il fasse appel. Ils pleurent, s'étreignent, se disent leur amour. Mme de Rênal propose à Julien de mourir ensemble tout de suite, mais il refuse : « Ne pouvons-nous pas passer deux mois ensemble d'une manière délicieuse ? Deux mois, c'est bien des jours. Jamais je n'aurai été aussi heureux. » Mme de Rênal jure de ne pas attenter à sa vie à condition d'emporter l'appel signé par Julien, qu'elle portera elle-même au procureur général.
Démoralisé par la visite d'un prêtre charlatan, Julien pense à l'état de putréfaction où sera bientôt son corps et « pleure de mourir ». Mathilde arrive et lui explique sa condamnation : M. de Valenod, qui avait déjà en poche sa nomination de préfet, s'est offert le plaisir de trahir Frilair. Assoiffé de paix et de solitude, Julien envoie Mathilde écouter une messe. Mais c'est au tour de son père de venir l'importuner en l'accablant de reproches qui le font pleurer. Furieux de cette faiblesse, Julien a l'idée géniale de parler d'argent à son père. Monstrueux jusqu'au bout, celui-ci lui réclame, en sus de l'héritage que lui lègue Julien, le remboursement de ses frais d'éducation. Julien en a « l'âme navrée ». Pour se consoler, il fait venir trois galériens à qui il offre du champagne et de l'argent pour qu'ils lui racontent leur vie. Réfléchissant à la nature de la société, il récuse toute idée de droit naturel : le seul droit est celui qu'instaure la loi. Et il conclut ses réflexions sur un pessimisme absolu : « [L]es gens qu'on honore ne sont que des fripons qui ont eu le bonheur de ne pas être pris en flagrant délit. » Ravagé par le départ de Mme de Rênal, il envisage à nouveau de se suicider. Il se livre à des réflexions métaphysiques sur la vérité, sur la religion (Dieu, non le « petit despote cruel et plein de la soif de se venger » de la Bible, mais « le

Dieu de Voltaire, juste, bon, infini »). Puis il s'avoue enfin la cause de son désespoir : « [C]'est l'absence de Mme de Rênal qui m'accable » et il s'endort après une invocation à ce Dieu hypothétique (« J'ai mérité la mort, lui dirais-je ; mais, grand Dieu, Dieu bon, Dieu indulgent, rends-moi celle que j'aime ! »).

Julien fait venir un abbé janséniste* et s'acquitte « avec décence de tout ce qu'on doit à l'opinion en province » (c'est-à-dire qu'il se prépare religieusement à la mort). Mme de Rênal revient et obtient, à force d'or, de le voir deux fois par jour : « Aucune parole ne peut rendre l'excès et la folie de l'amour de Julien. » Mathilde est dévorée de jalousie mais l'« amour effréné » qu'il éprouve pour Mme de Rênal empêche Julien de jouer la comédie. On apprend que M. de Croisenois a été tué en duel pour avoir voulu venger l'honneur de Mathilde, attaqué par les médisances. Julien et Mme de Rênal se délectent de leur amour, arrivant presque à en oublier les circonstances. Julien évoque le bonheur qu'il aurait pu connaître autrefois à Vergy et dont le détournait « l'ambition fougueuse » qui était alors la sienne. Il souligne son bonheur présent (« Je serais mort sans connaître le bonheur, si vous n'étiez venue me voir dans cette prison »). Pour préserver sa tranquillité, il lui faut encore repousser les efforts de son confesseur, qui se fait fort de faire gagner l'appel s'il se convertit avec éclat, et ceux de Mme de Rênal, à qui une amie a suggéré de se jeter aux pieds du roi pour lui demander la grâce de Julien. Il lui fait jurer de ne rien entreprendre et l'invite à vivre pleinement le peu qui leur reste à vivre : « Soyons heureux pendant le petit nombre de jours de cette courte vie. » Le jour de son exécution, il fait beau et le grand air le ragaillardit: « Tout se passa simplement, convenablement, et de sa part sans aucune affectation. » Fouqué, selon les vœux de son ami, emporte son corps chez lui pour le faire enterrer plus tard dans la grotte au-dessus de Verrières. Il voit arriver Mathilde qui prend la tête de son amant, l'embrasse, puis la tient sur ses genoux, dans sa voiture, pendant le trajet jusqu'à la grotte et l'enterre elle-même. Mme de Rênal est fidèle à sa promesse de ne pas attenter à sa vie, mais meurt trois jours après Julien, en embrassant ses enfants.

L'heure de vérité

Après avoir beaucoup pleuré à l'idée de mourir, Julien fait face. La visite si redoutée de son père, puis celle des galériens sont l'occasion pour lui de synthétiser ses idées sur la société : derrière les apparences, il n'y a que des rapports de force. Les hommes sont partout mus par la cupidité. « [M]es honnêtes gens de salon tombent dans des crimes exactement pareils à ceux que la nécessité de dîner a inspirés à ces deux galériens. » Où donc trouver la vérité ? « Ah, s'il y avait une vraie religion ! » Mais il faudrait le « vrai christianisme », dont les prêtres ne seraient pas payés. Et non le dieu de la Bible, « petit despote cruel et plein de la soif de se venger », mais un dieu bon qui réunirait « les âmes tendres ». Il ne le dit pas, mais on peut penser : comme celle de Mme de Rênal et la sienne. Retrouvant enfin celle-ci, Julien voit clair dans son âme : il se trompait quand, « entraîné par une ambition fougueuse », il était tout aux « innombrables combats qu'[il aurait] à soutenir pour bâtir une fortune colossale », au lieu de comprendre que le bonheur était là, dans la présence de Mme de Rênal, grâce à la liberté goûtée à Vergy, loin de la société et de M. de Rênal. C'est en prison qu'il est enfin heureux, délivré de la société, libre d'aimer. Libre enfin de tomber le masque : il meurt « sans aucune affectation ». Mme de Rênal, qui n'était qu'amour, meurt trois jours après lui, rejoignant ainsi, elle, la timide, les grandes héroïnes légendaires. Quant à Mathilde, qui projetait de le suivre dans la mort (II, 38), elle continue à vivre, toujours dans le paraître et l'extravagance. Elle donne libre cours à son goût du spectacle en organisant des funérailles grandioses et en surchargeant de marbres baroques la grotte sauvage de Julien, révélant ainsi qu'elle se sera méprise jusqu'au bout sur les désirs de celui-ci. On peut dire qu'en un sens, pour Mathilde, le roman finit bien, puisqu'elle a pu se montrer à la hauteur de ses modèles en ensevelissant la tête de son amant, comme l'avait fait Marguerite de Navarre pour Boniface de La Mole...

DEUXIÈME PARTIE

Problématiques essentielles

1 *Le Rouge et le Noir* et le roman au XIXe siècle

LES ROMANS À SUCCÈS À L'ÉPOQUE DU *ROUGE ET LE NOIR*

Le Rouge et le Noir s'inscrit dans un siècle qui voit l'explosion du genre romanesque en même temps que sa diversification croissante. Dans son projet d'un article sur *Le Rouge et le Noir* adressé à son ami, l'avocat florentin Vincenzo Salvagnoli[1], Stendhal oppose son œuvre aux romans en vogue à son époque et notamment à deux genres très populaires. Il note « l'immense consommation de romans qui a lieu en France. Il n'y a guère de femme de province qui ne lise cinq ou six volumes par mois, beaucoup en lisent quinze ou vingt; [...]. Toutes les femmes de France lisent des romans, mais toutes n'ont pas le même degré d'éducation. De là, la distinction qui s'est établie entre les romans pour les *femmes de chambre* (je demande pardon de la crudité de ce mot inventé, je crois, par les libraires) et le roman des *salons* ». Selon Stendhal, le premier genre se caractérise par un héros « toujours parfait et d'une beauté ravissante, fait *au tour*[2] et avec de grands yeux » et semble fade aux lecteurs du second genre.

Dans les salons parisiens, le grand auteur à la mode est l'écrivain écossais Walter Scott (1771-1832) dont les romans historiques (*Ivanhoé, Quentin Durward*) ont une renommée universelle. On aurait tiré en France, avant 1830, 1 500 000 exemplaires de ses œuvres, ce qui est un chiffre énorme pour l'époque. (La première édition du *Rouge* a été de 750 exemplaires.) Stendhal, dans le même article,

1. On trouvera ce texte dans les documents en fin de volume de l'édition Folio.
2. Très bien fait, bien « tourné ».

écrit : « Le génie de Walter Scott avait mis le Moyen Âge à la mode ; on était sûr du succès en employant deux pages à décrire la vue que l'on avait de la fenêtre de la chambre où était le héros ; deux autres pages à décrire son habillement, et encore deux pages à représenter la forme du fauteuil sur lequel il était posé. M. de S.[1], ennuyé de tout ce Moyen Âge, de l'*ogive* et de l'habillement du XVe siècle, osa raconter une aventure qui eût lieu en 1830 et laisser le lecteur dans une ignorance complète sur la forme de la robe que portent Mme de Rênal et Mlle de La Mole. »

Si Stendhal s'oppose radicalement à Walter Scott, ce dernier a eu néanmoins une influence importante sur les grands romanciers français du XIXe siècle, notamment Balzac, Hugo, Mérimée ou Alexandre Dumas. Et même si Stendhal critique les imitations de Walter Scott par les romanciers français, il est indéniable que l'écrivain écossais a complètement renouvelé le genre du roman sur plusieurs points : une documentation historique détaillée dans la peinture des mœurs, des mentalités et des croyances d'une époque donnée, la description de personnages typiques représentatifs d'une classe ou d'une catégorie socio-politique précise, le mélange de personnages historiques et de personnages imaginés par l'écrivain, tout cela, on le retrouve dans les romans historiques de Balzac mais aussi dans ceux de Stendhal, si ce n'est que ce dernier applique les méthodes de Walter Scott non plus au passé lointain mais à la société de son époque et devient ainsi un peintre du présent. On peut lire cette volonté de « coller » à la réalité de son temps dans la définition du roman que Stendhal attribue à un obscur historien du XVIIe siècle mais qui est probablement de lui : « Un roman est un miroir qui se promène sur une grande route. Tantôt il reflète à vos yeux l'azur des cieux, tantôt la fange des bourbiers de la route » (*Le Rouge et le Noir*, II, 19).

Mais, à côté du roman historique, du roman d'intrigue sentimentale, du roman-feuilleton qui vont se développer dans la presse à bon

---

1. Stendhal.

marché (les romans d'Alexandre Dumas et d'Eugène Sue), c'est surtout ce qu'on appelle le roman de formation ou roman d'apprentissage qui caractérise aujourd'hui les grands romanciers du XIXe siècle.

LE ROMAN DE FORMATION OU D'APPRENTISSAGE

Définition du genre

Appelés indifféremment romans d'initiation, de formation, d'éducation ou d'apprentissage, ces romans mettent en scène un jeune héros, en général d'origine modeste et provinciale, plein d'ambition mais naïf et sans expérience, qui va se mesurer à la société, affronter les obstacles sociaux pour se faire une place avec l'appui d'amis et le plus souvent de maîtresses qui l'initient au monde et à ses codes et l'aident à gravir les échelons.
Dans cette confrontation, le jeune héros va progressivement perdre ses illusions, être éduqué et façonné par la vie, s'endurcir et découvrir, derrière les apparences brillantes, la réalité souvent décevante du monde. Il fait aussi, grâce aux femmes, la découverte de l'amour et donc son «éducation sentimentale».
Au terme de ce parcours, qui l'a transformé, il a abandonné son idéal de départ et, comme le dit Julien peu avant la lettre de Mme de Rênal au marquis de La Mole, «mon roman est fini». Soit le héros a réussi dans ses projets ambitieux (Rastignac[1], Georges Duroy[2]), soit, plus souvent, il échoue comme Lucien de Rubempré (*Les Illusions perdues* de Balzac), Frédéric Moreau et Deslauriers (*L'Éducation sentimentale* de Flaubert), Jacques Vingtras (*L'Insurgé* de Vallès), Claude Lantier (*L'Œuvre* de Zola).

1. Balzac, *Le Père Goriot*.
2. Maupassant, *Bel-Ami*.

Origine et postérité du genre

Ce genre, typique du roman du XIXe siècle, a ses sources dans la littérature des siècles antérieurs et notamment dans la littérature espagnole avec le roman picaresque : le *picaro* est un gueux, un personnage d'origine très pauvre, errant sans feu ni lieu, qui va mener une vie semée d'aventures dont il se sort grâce à sa ruse, sa roublardise et son intelligence. Au service de différents maîtres, il a un regard particulièrement impitoyable sur les milieux qu'il rencontre à travers ses pérégrinations. Le genre apparaît avec *La Vie de Lazarillo de Tormes* (1554), puis connaît encore quelques œuvres célèbres, dont *Guzman de Alfarache* de Mateo Aleman (1599), *El Buscon* de Quevedo (1626) sont les plus connues.

Ce genre picaresque sera repris au XVIIIe siècle en France par Lesage avec son roman *Histoire de Gil Blas de Santillane* (1715-1735) et une adaptation de *Guzman de Alfarache* (1732). Comme dans les romans picaresques, le récit est fait par le héros qui, à la fin de sa vie, nous raconte les diverses aventures de son existence.

On retrouve la même construction dans les romans de Marivaux, *Le Paysan parvenu* (1735) et *La Vie de Marianne* (1741) mais, s'ils appartiennent au départ à des milieux modestes, les héros de ces deux romans vont gravir les échelons de la société de la province à Paris et Jacob, le paysan, réussit parfaitement son ascension sociale grâce aux femmes. Dans ces deux romans, Marivaux peint de façon très réaliste les mœurs des diverses classes sociales et porte un regard satirique sur le spectacle du théâtre humain.

C'est dans la même veine que s'inscrit le roman réaliste de l'écrivain anglais Henry Fielding, *Histoire de Tom Jones, enfant trouvé* (1749).

On trouve déjà, dans tous ces romans réalistes de la première moitié du XVIIIe siècle, cette confrontation entre un héros ou une héroïne d'origine modeste et une société dure et qui n'est pas prête à s'ouvrir à des éléments venus de milieux modestes. Mais, cependant, malgré les obstacles, la plupart des héros de ces romans réussissent leur ascension sociale et ces romans dégagent une gaieté optimiste qui correspond bien à la montée de la bourgeoisie et de la petite bourgeoisie dans la société de l'époque. Au XIXe siècle, cet optimisme n'a plus cours. Comme l'écrit Stendhal dans son projet d'article à Vincenzo Salvagnoli en parlant de la France de la Restauration : « Rien ne ressemble moins à la France gaie, amusante, un peu libertine, qui de 1715 à 1789 fut le modèle de l'Europe, que la France grave, morale, morose que nous ont léguée les jésuites, les congrégations et le gouvernement des Bourbons de 1814 à 1830. » Et, en effet, il y a autant de différence entre la gaieté des romans de Marivaux et les romans d'apprentissage de Stendhal ou Balzac qu'entre le joyeux *Tom Jones* de Fielding et le sombre *et* pessimiste *Barry Lyndon* de Thackeray.

Au XXe siècle, le roman d'apprentissage trouvera une postérité dans la littérature européenne avec des écrivains comme Proust (*À la recherche du temps perdu*) ou Gide (*Les Faux-monnayeurs*).

Le Rouge et le Noir, roman d'apprentissage

Le Rouge et le Noir présente toutes les caractéristiques du roman d'apprentissage autant par la peinture de son héros principal, que par son parcours spatial et social, par la place de pères (de substitution) qui vont le former et l'éduquer : le vieux chirurgien-major, l'abbé Chélan, l'abbé Pirard, le marquis de La Mole, le comte Altamira, le prince Korasoff, sans parler du rôle capital de Mme de Rênal dans la formation de sa sensibilité et son initiation aux ressorts cachés de la société de Verrières. Quel chemin parcouru entre le petit jeune homme du début, fragile, maltraité par son père, timide, qui pleure constamment et l'homme toujours jeune mais mûri, expérimenté, policé et philosophe de la fin du roman ! Lui qui, lorsqu'il rentre chez M. de Rênal, est tout fier d'étaler sa culture qui consiste uniquement dans la récitation par cœur du texte latin de la Bible, qui n'est capable que de reproduire mécaniquement les schémas appris dans ses lectures (*Tartuffe* de Molière, les œuvres de Rousseau, *Le Mémorial de Sainte-Hélène**), va tenir devant ses juges un violent réquisitoire contre la société qui, certes, précipite sa condamnation, mais qui montre une grande maîtrise intellectuelle et une dextérité verbale certaine.

Là aussi, quelle distance entre le jeune homme naïf du début qui ne comprend rien aux codes sociaux ou religieux et l'homme qui passe ses dernières semaines de vie en prison à Besançon. Au terme de son parcours, Julien Sorel a perdu ses illusions, a appris à se connaître, a découvert, derrière ses vaines ambitions et ses rôles d'emprunt, les valeurs authentiques qui donnent un sens à sa vie et qu'il n'avait pas su apprécier sur le moment à leur juste prix dans sa course effrénée après des moulins à vent (on retrouve encore Don Quichotte derrière Julien Sorel !). Sa défaite sociale et politique se transforme en réussite personnelle et en destin voulu et maîtrisé.

Enfin, Julien Sorel découvre que sa « noire ambition » l'empêchait d'aimer la seule femme pour laquelle il avait des sentiments vrais et profonds. Une fois encore, au terme de son parcours, il fait la distinction entre l'authentique et le faux sur le plan amoureux et achève ainsi son éducation sentimentale.

Par cette fin paradoxale, l'œuvre de Stendhal se situe en marge des romans d'apprentissage qui, soit consacrent la réussite sociale de leur héros arriviste (*Bel-Ami*), soit enregistrent l'échec de leur parcours (*Les Illusions perdues*) : le bilan dans *Le Rouge et le Noir* est profondément ambigu et peut se prêter à plusieurs lectures, comme nous avons tenté de le montrer dans cette étude.

2 *Le Rouge et le Noir* : une peinture sociale de 1830

LA TRAGÉDIE DE LA JEUNESSE SOUS LA RESTAURATION

Le sous-titre du roman : « Chronique de 1830 » montre l'objectif de Stendhal : son roman est plus que l'histoire d'un fait divers, c'est la peinture minutieuse d'une époque, qui s'appuie sur de « petits faits vrais » relatés à la manière des chroniqueurs du Moyen Âge.
Dans *Le Rouge et le Noir*, Julien Sorel fait figure d'une espèce de sauvage comparable à l'Ingénu de Voltaire transposé dans la France du XIXe siècle. Il va parcourir la société et en découvrir — souvent naïvement — les structures et les mécanismes, réalités sordides derrière des apparences brillantes.
La confrontation du héros avec le monde, son apprentissage puis sa désillusion reflètent l'expérience de toute une partie de la jeunesse française de l'époque et rejoignent les témoignages apportés par nombre de grands écrivains du temps (Musset, *La Confession d'un enfant du siècle* ; Vigny, le premier chapitre de *Servitude et Grandeur militaires* ; Balzac, *Le Père Goriot, Les Illusions perdues*, etc.) sur une génération conçue « entre deux batailles[1] » et qui a grandi pendant les guerres napoléoniennes.
Or, lorsque ces adolescents espèrent enfin participer à la grande épopée, ils apprennent la défaite, l'occupation étrangère, le retour des Bourbons.
« Un sentiment de malaise inexprimable commença donc de fermenter dans tous ces jeunes cœurs. Condamnés au repos par les souverains du monde, livrés aux cuistres de toute espèce, à l'oisiveté

1. Musset, *La Confession d'un enfant du siècle* (chap. 2).

et à l'ennui, les jeunes gens voyaient se retirer d'eux les vagues écumantes contre lesquelles ils avaient préparé leurs bras[1]. »

Que leur propose-t-on en compensation ?

« Quand les enfants parlaient de gloire, on leur disait : "Faites-vous prêtres" ; quand ils parlaient d'ambition : "Faites-vous prêtres" ; d'espérance, d'amour, de force, de vie : "Faites-vous prêtres"[1] ! »

Désormais les grandes actions et, avec elles, les possibilités d'ascension facile, manquent : les jeunes ne trouvent plus leur place dans une société fermée où l'on ne leur offre guère, s'ils sont d'origine modeste, que des emplois subalternes. Il n'y a plus de perspectives de fortune rapide pour les jeunes provinciaux qui montent à Paris se couvrir de gloire, qu'ils s'appellent Rubempré ou Rastignac : difficultés matérielles, ennui, atmosphère étouffante, tout est fait pour les rebuter dans une société qui refuse les idées neuves, qui ne connaît que la valeur des titres nobiliaires et plus encore celle de l'argent. Ils sont écartés aussi de la vie politique par les conditions d'âge et de cens[2]. La France de la Restauration est une véritable gérontocratie. *Le Journal des débats* du 30 octobre 1826 traduit bien cette mise à l'écart de la jeunesse : « Elle croît dans la disgrâce, elle mûrit dans l'exil. »

La jeunesse comme menace

Pourquoi une telle exclusion ? Pour le pouvoir en place, ces nouveaux venus représentent la menace d'un retour à la tourmente révolutionnaire. Mme de Rênal est étonnée par les paroles de Julien, « parce que les hommes de sa société répétaient que le retour de Robespierre était surtout possible à cause de ces jeunes gens des basses classes, trop bien élevés » (I, 17). Le marquis de La Mole désigne précisément l'ennemi lorsqu'il appelle les royalistes extrémistes — les ultras* — à se mobiliser : « Il faut enfin qu'il y ait en France deux partis, reprit M. de La Mole, mais deux partis [...]

1. Musset, *La Confession d'un enfant du siècle* (chap. 1).
2. À cette époque, une somme d'imposition minimale est exigée pour être électeur ou éligible.

bien nets, bien tranchés. Sachons qui il faut écraser. D'un côté les journalistes, les électeurs, l'opinion, en un mot, la jeunesse et tout ce qui l'admire. Pendant qu'elle s'étourdit du bruit de ses vaines paroles, nous, nous avons l'avantage certain de consommer le budget » (II, 22). Lors de son procès, Julien rattachera enfin son cas à celui de tous ces jeunes. C'est à travers les yeux du héros que l'on découvre la société de 1830. Les trois cadres de l'action choisis par Stendhal ne sont pas arbitraires. Les milieux de Verrières, de Besançon et de Paris permettent de peindre les forces qui s'affrontent alors : la noblesse, le clergé, la bourgeoisie industrielle, la jeunesse petite-bourgeoise. (Jamais la classe ouvrière n'apparaît en tant que telle dans *Le Rouge et le Noir*.)

LA SOCIÉTÉ VUE PAR JULIEN SOREL

Verrières, une ville de province typique

Sur la petite ville de province pèse la tyrannie des deux forces qui ont repris le pouvoir après la chute de Napoléon : l'aristocratie et le clergé. Verrières, « une petite ville » (c'est le titre du premier chapitre), est un bon exemple du climat moral de la province où l'argent constitue l'unique préoccupation des habitants : « Voilà le grand mot qui décide de tout à Verrières : RAPPORTER DU REVENU. À lui seul il représente la pensée habituelle de plus des trois quarts des habitants » (I, 2).
« La mutilation périodique » des beaux arbres de la commune « impitoyablement amputés », arbres qui « ne demanderaient pas mieux que d'avoir ces formes magnifiques qu'on leur voit en Angleterre » (I, 2), est symbolique : rien de généreux, de vigoureux, de noble ne peut se développer à Verrières. Cette amputation symbolise le refus de toute « innovation », la « tyrannie de l'opinion », l'« ennuyeux despotisme » de la petite ville de province. La politique elle-même s'y réduit à de mesquines intrigues. En effet, les grands problèmes sont discutés ailleurs, les notables locaux n'ont pas vraiment prise sur les rouages de la décision.

Quelles sont les forces en présence dans ces conflits locaux ? Ce sont les mêmes que sur le plan national, c'est-à-dire les ultras et les libéraux. Les ultras* (abréviation d'ultra-royalistes) représentent la tendance royaliste la plus extrémiste, plus royaliste même que le roi puisqu'ils refusent l'idée d'une Constitution écrite (la Charte) et veulent un retour pur et simple à l'Ancien Régime. Ils s'appuient essentiellement sur les aristocrates et certains grands bourgeois.

En face, les libéraux. Sous cette dénomination, on trouve aussi bien des royalistes parlementaires que des républicains modérés. Ils sont pour une monarchie constitutionnelle (leur journal a pour titre *Le Constitutionnel*) et acceptent de nombreux acquis de la Révolution et de l'Empire. Leurs partisans se recrutent parmi la bourgeoisie riche et cultivée, les professions libérales, les universitaires et la petite bourgeoisie.

Pour Stendhal, libéral lui-même, ces oppositions sont cependant superficielles et servent de moyens aux ambitions des notables : « Toujours l'ambition de devenir député, la gloire et les centaines de mille francs gagnés par Mirabeau empêcheront de dormir les gens riches de la province : ils appelleront cela être libéral et aimer le peuple. Toujours l'envie de devenir pair ou gentilhomme de la Chambre galopera les ultras. Sur le vaisseau de l'État, tout le monde voudra s'occuper de la manœuvre, car elle est bien payée » (II, 1) À la fin du livre, M. de Rênal, remplacé par Valenod à la tête de la mairie, devient le candidat des libéraux, ce qui illustre la dérision des luttes politiques.

Cependant, Stendhal ne renvoie pas les deux partis dos à dos. Le danger principal derrière l'autorité en place, le maire ultra M. de Rênal, est l'instauration d'une véritable « dictature cléricale » de la Congrégation, que Stendhal assimile aux jésuites.

La Congrégation*, que l'on voit intriguer à travers tout le roman, n'est pas une invention de l'auteur. Il existait une confrérie, société secrète réactionnaire, dont le véritable nom était l'Ordre des chevaliers de la foi mais que l'on appelait communément la Congrégation. Dans le roman, cette institution toute-puissante en province distribue les places, fait et brise les carrières. Elle crée une atmosphère irrespirable (lettres anonymes, commérages des domestiques, espionnage, peur du qu'en-dira-t-on, crainte de se montrer chez le libraire taxé de libéralisme) pour tous ceux qui ont quelque valeur : « Malheur à qui se distingue ! » (I, 23) ; ils sont révoqués ou décident de fuir cet « enfer d'hypocrisie et de tracasseries » (II, 1).

La Congrégation gouverne surtout les femmes par l'éducation et la confession. Mme de Rênal, « élevée chez des religieuses adoratrices passionnées du *Sacré-Cœur de Jésus* et animées d'une haine violente pour les Français ennemis des jésuites » (I, 7), retombe sous la coupe des jésuites sous l'influence de son confesseur. Il l'oblige à recopier la lettre qu'il a composée pour perdre Julien auprès du marquis de La Mole. À la fin du livre, enfin libérée de son influence, elle confie à Julien : « Quelle horreur m'a fait commettre la religion ! [...] et encore j'ai adouci les passages les plus affreux de cette lettre » (II, 43).

Quant aux hommes, ils sont obligés de financer la Congrégation, qui va jusqu'à afficher les dons de chacun. M. de Rênal, qui se montre peu généreux, en subira les conséquences. « Le clergé ne badine pas sur cet article » (I, 22). Stendhal évoque aussi les réunions mystérieuses de la Congrégation dans une ancienne grange ; là, tous les derniers vendredis du mois, se retrouvent les hommes de Verrières qui en font partie et, quel que soit le rang social, tout le monde se tutoie. Mme de Rênal confie cyniquement à Julien : « Nous payons vingt francs par domestique afin qu'un jour ils ne nous égorgent pas » (I, 18).

À la fin du roman, la Congrégation a fini de tisser sa toile. Elle a totalement éliminé les jansénistes* (le curé Chélan, l'abbé Pirard), faction ennemie des jésuites et installé ses hommes à tous les échelons : le vicaire Maslon, l'abbé de Frilair (le futur évêque), l'abbé Castanède, Valenod, maire et futur préfet.

Besançon : la vie au séminaire

Après la peinture de la dictature de l'Église, on découvre avec Julien le centre où elle instruit ses prêtres. Le séminaire de Besançon est bien l'école par excellence de l'hypocrisie, de la méchanceté, de l'arrivisme et de la division. Être prêtre devient un métier, une situation pour des fils de paysans pauvres et ambitieux. Le séminaire est, comme le dit Maurice Bardèche[1], « une école du parti » qui fournit « au pouvoir des agents d'une docilité absolue ».

C'est là qu'on apprend aux élèves une hypocrisie constante : « Me voici enfin dans le monde, tel que je le trouverai jusqu'à la fin de mon rôle, entouré de vrais ennemis. Quelle immense difficulté, ajoutait-il, que cette hypocrisie de chaque minute ! c'est à faire pâlir les travaux d'Hercule » (I, 26).

À Besançon, en dehors de l'évêque, « vieillard aimable [...] qui regardait Besançon comme un exil », et du directeur du séminaire, l'abbé Pirard, janséniste et ami du curé Chélan, tous les hommes en place appartiennent à la Congrégation : l'abbé de Frilair, grand vicaire, qui a profité de son poste pour faire fortune ; l'abbé Castanède, sous-directeur du séminaire qui finit par supplanter l'abbé Pirard. Ce dernier se voit obligé d'abandonner son poste et, conscient que Julien va être persécuté après son départ, lui trouve une situation à Paris chez M. de La Mole.

Paris, « centre de l'intrigue et de l'hypocrisie »

À peine arrivé, Julien est aussitôt introduit dans les salons de la grande aristocratie (La Mole, Fervaques, Retz), mais une fois encore, la réalité qu'il va découvrir est loin d'être enthousiasmante. La capitale est le lieu par excellence des intrigues et des faveurs : la maréchale de Fervaques fait miroiter une nomination d'évêque à l'abbé de Frilair ; Julien obtient des postes lucratifs pour son père et un autre habitant de Verrières. Il n'est donc pas étonnant de voir affluer à Paris les intrigants et les ambitieux comme Valenod. L'ennui, la contrainte et la convention règnent en maîtres. Les jeunes aristocrates ne sont plus que des dandys, des fantoches sans énergie et sans avenir dont les conversations se réduisent à des potins de cour, à des pointes ironiques contre les subalternes, des « nigauds à tranche dorée », pense Mathilde (II, 8). Les soirées de ces salons représentent la cérémonie, la comédie que la vieille

1. M. Bardèche, *Stendhal romancier*, La Table Ronde, Paris, 1947, pp. 188-191.

aristocratie s'offre à elle-même pour croire encore à sa grandeur. Quel contraste pourtant avec les salons du XVIIIe siècle ! Le comte Altamira, grand aristocrate d'une très haute famille napolitaine, seul personnage authentique, dévoile à Julien son opinion : « On hait la pensée dans vos salons. Il faut qu'elle ne s'élève pas au-dessus de la pointe d'un couplet de vaudeville : alors on la récompense [...]. Tout ce qui vaut quelque chose, chez vous, par l'esprit, la Congrégation le jette à la police correctionnelle ; et la bonne compagnie applaudit. C'est que votre société vieillie prise avant tout les convenances » (II, 9).

Là, comme à Verrières, on intrigue, et ces machinations se veulent de la haute politique. Les ultras, effrayés par l'agitation de la jeunesse petite-bourgeoise, complotent ; mais les personnages qui défilent devant Julien sont souvent grotesques et le marquis de La Mole en a presque honte. Pressentant les journées révolutionnaires de 1830, il ne voit d'ailleurs plus de recours que dans l'intervention d'une puissance étrangère pour sauver Charles X (c'est l'objet de la mission qu'il confie à Julien). On est donc bien en présence d'une société inauthentique imbue de ses privilèges, mais ne croyant plus en elle-même. Dans la France de 1830, quelles sont les perspectives d'avenir pour un Julien Sorel ?

LES JEUNES FACE À CETTE SOCIÉTÉ

Il apparaît d'abord que cette jeunesse, que les ultras* représentent comme un parti unifié, ne constitue pas en réalité un groupe homogène et n'a pas en conséquence une claire conscience de sa solidarité. Tout, d'ailleurs, dans la société, tend à diviser les jeunes, les amène à rivaliser, à se disputer les places ; Vautrin, s'adressant a Rastignac dans *Le Père Goriot* de Balzac (1835), peint cette situation : « Une rapide fortune est le problème que se proposent de résoudre en ce moment 50 000 jeunes gens qui se trouvent tous dans votre position. Vous êtes une unité de ce nombre-là. Jugez des efforts que vous avez à faire et de l'acharnement au combat. Il faut vous manger les uns les autres comme des araignées dans un pot, attendu qu'il n'y a pas 50 000 places [...]. Il faut entrer dans cette masse d'hommes comme un boulet de canon ou s'y glisser comme une peste, l'honnêteté ne sert à rien. »

L'abstention ou la résignation

Certains refusent de se « salir les mains », d'user de moyens qu'ils réprouvent. Ce ne sont cependant pas des révolutionnaires (la perspective est absente du *Rouge et le Noir*).

Fouqué, l'ami d'enfance de Julien, symbolise cette attitude, tout comme Séchard, l'ami de Lucien de Rubempré dans *Les Illusions perdues*. C'est un petit-bourgeois jacobin*, c'est-à-dire républicain, «esprit sage » (I, 30), voulant garder son indépendance, qui vit retiré dans les montagnes. La médiocrité bourgeoise lui épargne au moins l'hypocrisie. Il met Julien en garde contre les tentations de l'ambition ; mais ce dernier n'y voit que « la petitesse d'esprit d'un bourgeois de campagne » (I, 30). Julien sera fort surpris, à la fin du roman, de découvrir la générosité et le dévouement de Fouqué, prêt à tout sacrifier pour le sauver. Géronimo, l'artiste, représente, lui, une solution à part : une vie en marge, dans le monde de la musique ; une vie de dilettante, dans l'instant et sans perspective.

Les arrivistes

Certains reprennent à leur compte les mots d'ordre des gens en place : privilèges et jouissances. Acceptant facilement d'abandonner tout idéal, ils ont recours aux pires compromissions pour réussir. Ils jouent le jeu que Vautrin décrit à Rastignac : chacun pour soi et tous les moyens sont bons.

Ce sont les séminaristes de Besançon et les arrivistes parisiens (Tanbeau). Les premiers sont prêts à tout accepter, même de devenir des monstres, même d'abdiquer toute pensée personnelle. «Des gloutons qui ne songent qu'à l'omelette, au lard qu'ils dévoreront au dîner, ou des abbés Castanède, pour qui aucun crime n'est trop noir ! Ils parviendront au pouvoir ; mais à quel prix, grand Dieu ! » (I, 27).

Julien les méprise comme il méprisera, à Paris, le petit Tanbeau. Mais que veut-il au juste et au nom de quoi critique-t-il les autres arrivistes ?

3 Julien Sorel ou l'ambiguïté

Physiquement, Julien est un héros romantique. Stendhal n'en fait pas un portrait physique systématique, mais insiste sur sa séduction: « Mme de Rênal fut frappée de l'extrême beauté de Julien » (I, 6).
Psychologiquement, en revanche, il ne correspond à aucun stéréotype et peu de héros de romans ont été interprétés plus diversement. Julien est-il un arriviste, un hypocrite, un révolté, un calculateur froid ou un homme excessivement sensible ? L'erreur serait de considérer Julien comme un caractère déjà fait, et de vouloir unifier ses conduites successives. On est en présence d'un tout jeune homme (dix-neuf ans au début du roman et seulement vingt-trois ans au moment de son exécution), qui va se construire progressivement sous nos yeux au cours de ce roman d'apprentissage.
Tout au long du roman, Julien se forme grâce aux leçons du vieux chirurgien-major, du curé Chélan, de Mme de Rênal, de M. de La Mole, etc. Il est en constante évolution et ne sait pas lui-même ce qu'il est. Il fait preuve d'une absence complète de clairvoyance et son itinéraire va justement l'amener de la confusion consciente ou inconsciente sur lui-même à la clarification et à l'authenticité.

UN PETIT-BOURGEOIS QUI SE CROIT PLÉBÉIEN

Le flou du personnage apparaît déjà dans les termes qu'il emploie pour se caractériser : « plébéien », « fils de paysan », « fils de charpentier », « fils d'ouvrier », « domestique », « ouvrier », « paysan », sont utilisés indifféremment. En réalité, Julien est un jeune homme dont l'éducation a fait, comme le lui dit l'abbé Pirard, « un petit-bourgeois » (II, 1). Ce sont en effet les leçons du vieux chirurgien-major et du curé Chélan qui le rendent différent de ses frères.

À Paris, tout en servant le marquis, il continue d'étudier régulièrement à l'école de théologie (II, 5). Il suffit encore de rappeler le rôle des livres chez cet intellectuel (la scène symbolique où Julien apparaît pour la première fois, plongé dans la lecture du *Mémorial de Sainte-Hélène** ; les péripéties de l'abonnement chez le libraire de Verrières, ses lectures secrètes au séminaire ; la soirée chez l'archevêque et le don des livres de Tacite, ses séjours dans « la librairie » du marquis). Cette éducation l'isole de tous les autres habitants de la petite ville – qui le considèrent comme une « bête curieuse » –, elle le marginalise et le distingue des séminaristes, fils de paysans. Cette première erreur d'appréciation de Julien sur lui-même, confirmée d'ailleurs par les aristocrates pleins de mépris, aura des conséquences, car il s'imagine appartenir à une classe qui n'est pas la sienne ; et, dans ce mythe du plébéien, il pense trouver, contre la compromission et le « passage de l'autre côté de la barrière », des garanties qu'il n'a pas en réalité. Il agit à partir d'une illusion entretenue par les autres mais aussi par lui-même.

UN INGÉNU QUI SE CROIT HYPOCRITE

Julien a choisi comme moyen de réussite une arme qui correspond peu à ses capacités et surtout à sa nature. En effet, ce personnage qui se veut fin diplomate, au courant des règles du monde et froid calculateur, se révèle le plus souvent étourdi, ignorant et ingénu, impulsif et d'une sensibilité excessive : « Il avait été trahi par une foule de petites actions » (I, 26).

Julien est un vrai sauvage au début du roman ; son arrivée chez Mme de Rênal rappelle celle de Rousseau chez Mme de Warens. Il trahit au moins deux fois sa passion pour Napoléon. Au séminaire, il multiplie les maladresses, s'attirant l'inimitié de tous et gagnant le surnom de « Martin Luther » (I, 27).

Son arrivée à Paris fait penser à l'attitude de l'Ingénu de Voltaire. Il commet de nombreuses bévues, incidents tragi-comiques qui déclenchent le rire de ses hôtes : la scène du tailleur (II, 2), ses

mésaventures équestres (II, 3), ses fautes d'orthographe (II, 2), son duel burlesque avec le chevalier de Beauvoisis (II, 6). « Si tout semblait étrange à Julien, dans le noble salon de l'hôtel de La Mole, ce jeune homme, pâle et vêtu de noir, semblait à son tour fort singulier aux personnes qui daignaient le remarquer» (II, 4).
D'autre part, ce prétendu froid calculateur a vite les larmes aux yeux, comme en témoignent ses effusions de sensibilité avec l'abbé Pirard ou avec le marquis, et son indignation lors du dîner chez Valenod. Il ressemble beaucoup plus à un héros romantique, sans cesse tendu et mû par ses nerfs (crises de rage, pleurs), qu'aux froids roués des *Liaisons dangereuses* de Laclos. Il ne trompe finalement personne, ni le simple curé Chélan, ni les séminaristes, ni Fouqué. Comme le lui dit l'abbé Pirard : « Je vois en toi quelque chose qui offense le vulgaire. La jalousie et la calomnie te poursuivront. En quelque lieu que la Providence te place, tes compagnons ne te verront jamais sans te haïr » (I, 29). Enfin, Julien ne sait pas suffisamment s'oublier pour jouer un rôle ; ce constant sentiment du devoir envers lui-même l'amène à des décisions souvent heureuses mais qu'il n'aurait pas dû prendre s'il avait voulu rester fidèle à son rôle (toutes les obligations qu'il s'impose avec Mme de Rênal).
D'ailleurs, il n'a pas vraiment de plan à long terme. Chaque fois qu'il doit entreprendre une démarche nouvelle, il s'inspire d'autrui. Il n'a aucun don naturel pour la dissimulation. Ses modèles successifs sont Rousseau (*La Nouvelle Héloïse*), les lettres de Korasoff, le personnage de Tartuffe dont il connaît les tirades par cœur. Son hypocrisie lui est tellement insupportable qu'à chaque occasion, il doit se fournir des excuses d'employer un tel procédé : « Hélas ! c'est ma seule arme ! à une autre époque, se disait-il, c'est par des actions parlantes en face de l'ennemi que j'aurais *gagné mon pain* » (I, 26). Ces réflexions de Julien, lors de son séjour au séminaire, sont ainsi jugées par Stendhal : « Égaré par toute la présomption d'un homme à imagination, il prenait ses intentions pour des faits, et se croyait un hypocrite consommé. Sa folie allait jusqu'à se reprocher ses succès dans cet art de la faiblesse » (I, 26). Ce commentaire pourrait être généralisé à la conduite de Julien pendant presque tout le roman.

Selon Stendhal, « l'hypocrisie, pour être utile, doit se cacher » (II, 10) ; or Julien se livre à tout moment : « Julien était las de se mépriser. Par orgueil, il dit franchement sa pensée » (II, 10).
Dès lors, on comprend son indignation devant les vrais hypocrites. Quand il se trouvera placé dans une situation où l'hypocrisie serait la seule arme qui pourrait le sauver, il révélera son incapacité profonde à l'utiliser et précipitera ainsi son échec.

UN RÉVOLTÉ QUI DEVIENT AMBITIEUX

Le personnage est également ambigu par les objectifs qu'il se fixe dans la société. Son éducation a fait de lui un intellectuel petit-bourgeois souffrant de sa singularité, du décalage entre sa « valeur », son « talent » et la place qui lui est réservée dans la société. Il compense justement cette humiliation en fuyant, dans le monde chimérique des livres et des mythes, la réalité médiocre de Verrières. C'est à l'occasion de ces lectures qu'il échafaude « tous les rêves héroïques de sa jeunesse » (I, 12), qu'il s'envole « dans les pays imaginaires » (II, 45), qu'il éprouve une admiration sans bornes pour Napoléon.
Il n'est pas étonnant qu'à partir de là, il refuse globalement les perspectives qui lui sont offertes. Pour lui, réussir, ce n'est pas accepter les fausses valeurs de la société de Verrières ; réussir, c'est échapper à une situation humiliante de dépendance : « Pour Julien, faire fortune, c'était d'abord sortir de Verrières, il abhorrait sa patrie. Tout ce qu'il y voyait glaçait son imagination » (I, 5). Le poste de précepteur obtenu chez M. de Rênal ne fait qu'exacerber sa fierté. Les affronts qu'il doit endurer développent sa haine pour les nobles et les bourgeois. Au sujet d'une de ces scènes, Stendhal commente : « Ce sont sans doute de tels moments d'humiliation qui ont fait les Robespierre » (I, 9). Donc, chez lui, la réussite doit être une *revanche* sociale, un moyen de sortir de son état ; il considère les riches, les gens en place, comme des *ennemis* à combattre, non comme des gens à envier, non comme des modèles à atteindre. Ce qu'il veut,

c'est la démonstration de sa supériorité. Cela explique qu'il écarte toutes les possibilités de fortune qui ne prouveraient pas sa «*virtu**»: les propositions de Fouqué, la cure* de l'abbé Pirard, le mariage et les millions de Korasoff. Un Rastignac, lui, les aurait acceptés.
Il refuse aussi le modèle de vie présenté par les riches de Verrières : à l'amour exclusif de l'argent et à la vanité, il oppose le culte de l'énergie, le courage, l'exemple des grands héros de la Révolution et de Napoléon, l'estime de soi, le sens du devoir et de l'honneur. Il condamne successivement l'arrivisme de tous ceux qui l'entourent (Valenod, les séminaristes, Tanbeau). À Paris, il n'a aucune stratégie pour réussir ; il n'essaye même pas de se trouver des appuis comme devrait le faire un ambitieux sans scrupules : « Ce n'est point l'amour non plus qui se charge de la fortune des jeunes gens doués de quelque talent comme Julien ; ils s'attachent d'une étreinte invincible à une coterie, et quand la coterie fait fortune, toutes les bonnes choses de la société pleuvent sur eux. Malheur à l'homme d'étude qui n'est d'aucune coterie, on lui reprochera jusqu'à de petits succès fort incertains » (II, 19).
Or, à la fin du roman, après que Mathilde a avoué à son père ses rapports avec Julien, le marquis a conscience de l'absence d'appuis de Julien dans la société, de la fragilité de sa situation : « Julien ne s'est affilié à aucun salon, à aucune coterie. Il ne s'est ménagé aucun appui contre moi, pas la plus petite ressource si je l'abandonne... [...] Non, il n'a pas le génie adroit et cauteleux d'un procureur qui ne perd ni une minute ni une opportunité... » (II, 34). De même, Mathilde remarque : « Mon petit Julien [...] n'aime à agir que seul. Jamais [...] la moindre idée de chercher de l'appui et du secours dans les autres ! Il méprise les autres, c'est pour cela que je ne le méprise pas» (II, 12). Mais comment concilier alors cette attitude avec certaines pensées de Julien qui sont bien celles d'un arriviste ?
Ses réflexions devant l'évêque d'Agde sont particulièrement inquiétantes : « Si jeune, pensait-il, être évêque d'Agde ! mais où est Agde ? Et combien cela rapporte-t-il ? deux ou trois cent mille francs peut-être » (I, 18). La condamnation de Julien épargnerait-elle le sommet de la hiérarchie sociale, se limiterait-elle à une

condamnation des parvenus et de la bassesse bourgeoise ? Durant tout le roman, on va le voir révéler ainsi une faiblesse que le curé Chélan avait très finement signalée à l'abbé Pirard dans sa lettre de recommandation: «Trop de sensibilité aux vaines grâces de l'extérieur» (I, 25). En effet, en maintes occasions, il se laissera éblouir par les honneurs, le luxe, l'élégance : lors de l'épisode de la garde à cheval qui reçoit le roi en visite à Verrières, « Julien était le plus heureux des hommes [...]. Il était au comble de la joie » (I, 18). Julien manifestera le même enthousiasme au bal de M. de Retz. Il éprouvera « une admiration stupide » (II, 24) pour le prince Korasoff et précédemment pour le chevalier de Beauvoisis ; à la fin du roman, il sera grisé par son titre de lieutenant des hussards et par son bel uniforme. Lors de son séjour en prison, il reconnaîtra cette faiblesse : « La, comme ailleurs, le mérite simple et modeste a été abandonné pour ce qui est brillant » (II, 42) ; il avouera qu'il a été « dupe des apparences » (II, 44).

N'a-t-il été qu'un vulgaire ambitieux, ivre de gloire, de luxe, de vanité ? Comment admettre en même temps son rôle de plébéien révolté et cette exaltation devant le moindre succès obtenu ? Faut-il lui appliquer le jugement qu'il porte lui-même sur Rousseau : «Tout en prêchant la république et le renversement des dignités monarchiques, ce parvenu est ivre de bonheur, si un duc change la direction de sa promenade après dîner pour accompagner un de ses amis » (II, 8) ?

Plus grave est la confusion de pensée qui apparaît dans ses réflexions au bal de Retz : « Julien était au comble du bonheur. Ravi à son insu par la musique, les fleurs, les belles femmes, l'élégance générale, et, plus que tout, par son imagination, qui rêvait *des distinctions pour lui et la liberté pour tous* » (II, 9).

On trouve ici confondus le désir de réussite individuelle et l'aspiration à une société libre, mais ce rêve de conciliation n'est absolument pas explicité. Comment ce modèle de société aristocratique pourrait-il coexister avec l'aspiration d'une liberté pour tous ?
Julien ne résout pas la contradiction, contradiction que Claude Roy décèle chez l'écrivain, « aristocrate de peau » et républicain d'esprit et de cœur : « J'abhorre la canaille [...] en même temps que, sous le nom de *peuple*, je désire passionnément son bonheur[1]. »
Ainsi Julien condamnera-t-il Valenod comme représentant de la bassesse bourgeoise : « Il se trouvait tout aristocrate en ce moment » (I, 22).
Mais en dehors de cette contradiction, plusieurs autres facteurs l'amènent à s'illusionner sur ses objectifs.
En premier lieu, sa faible culture politique qui ne lui vient que du vieux chirurgien-major et de ses lectures. Cette formation lui a donné une vision individualiste de l'histoire qui est faite par des grands hommes, des héros. La Révolution française, pour Julien, ce sont Danton, Robespierre, Bonaparte. La lecture du *Mémorial de Sainte-Hélène** et des ouvrages de Rousseau a dû accentuer cette façon individualiste, élitiste, d'interpréter les événements politiques et sociaux, plus intuitive, émotive et personnelle que scientifique.
On peut en donner pour preuve le mythe bonapartiste du héros. Le grand modèle de Julien est Napoléon ; il essaye constamment d'imaginer Napoléon. À tout moment, cette image vient enjoliver la réalité de sa situation : il transforme toutes ses aventures sous cet aspect mythique [*cf.* son idéalisation du plat défilé de la garde à Verrières : « De ce moment il se sentit un héros. Il était officier d'ordonnance de Napoléon et chargeait une batterie » (I, 18)]. Ce n'est qu'à la fin du roman qu'il démythifiera son modèle et en découvrira le « charlatanisme » (II, 54). Certes, Julien a saisi de façon purement empirique certaines transformations, par exemple que la

1. C. Roy, *Stendhal par lui-même*, Le Seuil, Paris,1951.

carrière militaire n'est plus une voie d'ascension sociale et qu'il vaut mieux s'engager dans l'Église. Il a aussi tiré les leçons de ses premières expériences et a compris que l'hypocrisie, le masque, pouvaient seuls lui permettre de reussir dans la société de la Restauration. Mais, plus profondément, Julien ne parvient pas à prendre conscience de la modification des structures sociales et politiques intervenue depuis Napoléon. Il veut devenir un grand homme dans une société où lui-même a reconnu qu'il n'y avait plus de grands hommes, dans une société de parvenus, d'hypocrites, de fantoches.

Que veulent donc dire « réussir », « se couvrir de gloire », « le théâtre des grandes choses », et autres expressions qu'il emploie ?

Il ne développe jamais concrètement ces termes qui restent dès lors vagues et mythiques. Aucune médiation ne vient s'interposer entre son modèle (Napoléon) et la situation dans laquelle il se trouve. Il ne se rend pas compte que le succès dans la société de 1830 n'a plus du tout la même signification que celle de 1789. Il croit encore que sa réussite serait celle d'un plébéien alors qu'elle ne ferait que l'intégrer à la société de ses « ennemis », des « fripons ». En conséquence, il repoussera tous les avertissements du curé Chélan et de son ami Fouqué.

Progressivement, il va pourtant mieux analyser les événements et la voie qu'il a choisie. Une série d'expériences l'éclairent. Son dîner chez Valenod lui suggère par exemple ces réflexions : « Voilà donc, se disait la conscience de Julien, la sale fortune à laquelle tu parviendras, et tu n'en jouiras qu'à cette condition et en pareille compagnie ! Tu auras peut-être une place de vingt mille francs, mais il faudra que, pendant que tu te gorges de viandes, tu empêches de chanter le pauvre prisonnier ; tu donneras à dîner avec l'argent que tu auras volé sur sa misérable pitance, et pendant ton dîner il sera encore plus malheureux ! » (I, 22).

Mais ce sont là de brefs éclairs de lucidité que Julien ne cherche pas à analyser. À chaque fois, il recourt à la lecture de son héros pour se redonner du courage, pour réveiller « les rêves héroïques de sa jeunesse » (I, 12). Il laisse ainsi les problèmes en suspens, pensant qu'il les résoudra au fur et à mesure, dans l'action. Il maintient un décalage entre ses rêves et son expérience et il se refuse à actualiser ses idées, à remettre en question les mythes entretenus par ses lectures et par des humiliations réelles ou fictives.

UN INDIVIDUALISTE FORCENÉ

Pourquoi Julien voit-il le danger pour les autres, mais ne tient-il pas compte de ces avertissements successifs ? L'explication est encore à chercher dans l'individualisme forcené du personnage. Ne croyant pas à l'importance des masses, il ne tente même pas de participer à un combat collectif, il surestime du même coup le rôle et l'autonomie de l'individu. Comme le dit H.-F. Imbert : « Chez lui l'individu prime la classe[1]. » Tout devient alors une question de caractère ; il place toute sa confiance dans son énergie, dans son originalité pour résister à la friponnerie et faire triompher, à travers lui, un plébéien. Il pense qu'un seul individu peut bouleverser l'état des choses ; s'il était, lui, maire de Verrières, « la justice triompherait » (I, 17). Quelle naïveté chez ce prétendu hypocrite, quelle absence de réalisme ! Lui qui joue au fin politique, prend encore au sérieux les idéaux élevés de la Révolution, alors que, désormais au pouvoir, la bourgeoisie s'est débarrassée de ce qu'elle considère maintenant comme des ornements superflus. Julien, comme Don Quichotte (*cf. Repères pour la lecture* II, 9), croit encore vivre dans une époque qui est révolue. Chez les deux héros, les livres forment un filtre idéologique à travers lequel ils regardent la société présente qui ne correspond plus à leur imaginaire. Chez Don Quichotte, le décalage entre ce qu'il croit vivre et ce qu'il vit est tragi-comique; chez Julien, ce décalage est moins spectaculaire mais l'amène, dans ses succès, à être en contradiction avec ses aspirations. Son succès même est une impasse tragique dont il sort par le haut avec le déchirement de ses illusions et la rupture de sa construction imaginaire et idéologique.

---

1. Henry-François Imbert, *Les Métamorphoses de la liberté* (Corti, 1867, p. 559).

L'échec de Julien est celui de toute une jeunesse, qui vient se briser contre les réalités brutales de la société capitaliste de l'époque ; les valeurs de celle-ci ne sont plus l'héroïsme « romain » ni les vertus à l'antique exaltées par la Révolution : il n'y a plus de place pour les aventuriers, les « conquérants » solitaires. Là encore, comme pour l'hypocrisie, Julien refuse d'aller jusqu'au bout de la logique bourgeoise. Cet ambitieux, qui s'illusionne sur ses projets, qui a refusé de voir la réalité en face et qui est incapable d'être un hypocrite conséquent, préférera précipiter la catastrophe plutôt que de se compromettre dans une aventure incompatible avec l'estime de soi-même. Les échecs de Julien sont bien dus à des erreurs d'appréciation sur sa propre personne et sur le monde.

Pour Stendhal, montrer ainsi à ces jeunes gens « des basses classes trop bien élevés » les illusions à éviter, les mythes à démasquer, les vrais ennemis et les vrais amis, c'est donner une leçon de clairvoyance et donc une possibilité de bonheur. En effet, comme il l'a écrit plusieurs fois : « Presque tous les malheurs de la vie viennent des fausses idées que nous avons sur ce qui nous arrive. Connaître à fond les hommes, juger sainement des événements, est donc un grand pas vers le bonheur[1]. »

---

1. Stendhal, *Journal*, 10 décembre 1801.

4 Les personnages et l'amour

Dans la mesure où l'existence de Julien se définit comme une lutte contre la société, sa vie amoureuse s'inscrit dans ce combat. Mais la condition sociale de Julien, loin de déterminer seulement les sentiments qu'il éprouve, est aussi à la source de ceux qu'il inspire.

AMBIGUÏTÉ DES SENTIMENTS DE JULIEN POUR MME DE RÊNAL

Amour et ambition

Au début du roman, le héros est vierge, et si sa « jolie figure » lui a donné « quelques voix amies parmi les jeunes filles » (I, 4), il a méprisé ces succès faciles. Lors de sa première rencontre avec Mme de Rênal, sur le pas de sa maison, il est d'abord « étonné de sa beauté ». Et ce ne sont pas le naturel et la simplicité de Mme de Rênal qui troublent Julien au point de lui faire défaillir la voix. Sa séduction vient de ce qu'outre la beauté, elle possède les charmes raffinés d'une bourgeoise élégante : « La figure de Mme de Rênal était près de la sienne, il sentit le parfum des vêtements d'été d'une femme, *chose si étonnante pour un pauvre paysan*[1] » (I, 6). La séduction féminine est l'apanage des femmes de la « bonne société », indissociable de ce que Stendhal appelle les « instruments de l'artillerie féminine », auxiliaires de beauté, mais plus encore signes d'appartenance à une classe « Julien admirait avec transport jusqu'aux chapeaux, jusqu'aux robes de Mme de Rênal. Il ne pouvait

1. Dans cette citation, comme dans celles qui suivent, c'est nous qui soulignons.

se rassasier du plaisir de sentir leur parfum » (I, 16). Ainsi la notion de classe est-elle présentée au niveau même de la sensation physique; l'émotion de Julien n'en est pas moins réelle, ni moins sincère le «transport» qui le porte à baiser la main de Mme de Rênal. Mais par un effet inverse, de même que les ambitions sociales de Julien se mêlaient inconsciemment à son désir, de même, une fois ce désir né, il le rationalise, en l'intégrant à sa grande bataille : « Il y aurait de la lâcheté à moi de ne pas exécuter une action qui peut m'être *utile* » (I, 6), se dit-il pour se donner le courage de baiser cette main. Cette ambiguïté essentielle – désir réel / conscience de classe – régit les rapports de Julien Sorel avec Mme de Rênal pendant toute la première partie du roman, et les empoisonne. Obtenir ses faveurs, ce n'est pas gagner un plaisir, c'est surtout remporter une victoire sociale. D'où le curieux vocabulaire militaire employé, sans préciosité aucune, par Julien.

Amour et amour-propre

Les chapitres 8 et 9 en fournissent un excellent exemple. Julien a heurté par inadvertance la main de Mme de Rênal, qui la retire aussitôt: « Julien pensa qu'il était de son *devoir* d'obtenir que l'on ne retirât pas cette main. »

Serrer cette main n'a donc rien d'une satisfaction sensuelle ou sentimentale, c'est se prouver que le handicap social est surmonté, que l'on n'a pas été méprisé · l'explication que Julien donnerait d'un éventuel échec de sa tentative ne serait pas son manque de séduction mais son infériorité sociale : « L'idée d'un devoir à accomplir, et d'un ridicule ou plutôt d'un *sentiment d'infériorité* à encourir si l'on n'y parvenait pas, éloigne sur-le-champ tout plaisir de son cœur » (I, 8). Ce complexe lui fait interpréter de façon stupide certaines réactions de Mme de Rênal. Ainsi, lorsque, après avoir subtilisé le portrait caché par Julien, elle repousse son geste tendre sous l'effet de la jalousie, il ne voit dans son acte qu'un caprice de «femme riche». Attentif à tout ce qui peut blesser son amour-propre, il n'essaie pas d'analyser les sentiments de « l'autre », il lui attribue aussitôt le mobile de la réaction de classe. Quand, sous l'empire des remords, Mme de Rênal lui montre une « froideur glaciale », « il se souvint du rang qu'il occupait dans la société, et surtout aux yeux d'une noble et riche héritière » (I, 12). Symétriquement, le sentiment d'avoir gagné une victoire l'engage plus avant dans la voie d'une séduction qui présente le plaisir comme un devoir : « Cette femme ne peut plus me mépriser : dans ce cas, se dit-il, *je dois être sensible à sa beauté* ; je me dois à moi-même d'être son amant » (I, 13). Le rôle de séducteur lui pèse : « Jamais il ne s'était imposé une contrainte plus pénible », et il lui faut faire appel à tout son orgueil pour trouver le courage d'entrer dans la chambre de Mme de Rênal : « Je puis être inexpérimenté et grossier comme il appartient au fils d'un paysan [...] mais du moins je ne serai pas faible » (I, 15). Il part, n'ayant « plus rien à désirer » ; mais son rendez-vous a été « une victoire mais non un plaisir ».

Amour et classe sociale

Plus tard, la tension s'affaiblit, il est heureux, mais Stendhal insiste bien sur l'importance pour Julien du rang social de la femme aimée : « Son amour était encore de l'ambition ; c'était de la joie de posséder, lui pauvre être malheureux et si méprisé, une femme aussi noble et aussi belle » (I, 16).

Il y a donc une contradiction tragique dans l'amour de Julien : il aime Mme de Rênal *parce qu'*elle lui est socialement supérieure, et pourtant c'est cette différence de classe sociale qui empêche cet amour d'être complet. « Dans les premiers jours de cette vie nouvelle, il y eut des moments où lui, qui n'avait jamais aimé, qui n'avait jamais été aimé de personne, trouvait un si délicieux plaisir à être sincère, qu'il était sur le point d'avouer à Mme de Rênal l'ambition qui jusqu'alors avait été l'essence même de son existence» : la sincérité parfaite serait un abandon à l'amour « mais un petit événement empêcha toute franchise » (I, 16). Songeant à son état futur, et sous le charme des « moments si doux » qu'il passe auprès de son amie, Julien se lance dans une tirade sur Napoléon, « homme envoyé de Dieu pour les jeunes Français ». La réaction de Mme de Rênal l'arrête net : « Cette façon de penser lui semblait convenir à un domestique. »

« Il se dit : Elle est bonne et douce, son goût pour moi est vif, mais elle a été élevée dans le camp ennemi» (I, 17). Stendhal intervient directement pour commenter l'incident : « Le bonheur de Julien fut, ce jour-là, sur le point de devenir durable. Il manqua à notre héros d'oser être sincère. Il fallait avoir le courage de livrer bataille, mais *sur-le-champ* » (I, 17). La conscience de classe est plus forte et « Julien n'osa plus rêver avec abandon ». Même au sommet de son amour, lorsqu'il est bouleversé par les sacrifices que Mme de Rênal fait pour lui et qu'il « l'adore », leur liaison lui apparaît comme la conjonction extraordinaire de représentants de classes sociales disparates : «Elle a beau être noble, et moi le fils d'un ouvrier, elle m'aime... » (I, 19).

Bien sûr, les sentiments de Julien ne se bornent pas à des satisfactions d'amour-propre, mais c'est bien parce que son amour est partiellement le fait de son ambition qu'il peut reporter cette ambition sur un autre objet : « Il était fort ému. Mais à une lieue de Verrières, où il laissait tant d'amour, il ne songea plus qu'au bonheur de voir une capitale, une grande ville de guerre comme Besançon » (I, 23). La conscience de classe joue donc un rôle essentiel dans la vie sentimentale de Julien.

NAISSANCE DE MME DE RÊNAL À L'AMOUR

Lors de leur première rencontre, le contraste entre l'aspect de Julien et celui du vieil abbé crasseux qu'elle attendait est tel qu'il annihile le sens des convenances : « Ils étaient fort près l'un de l'autre à se regarder », et c'est seulement lorsqu'elle est revenue de sa surprise que Mme de Rênal « fut étonnée de se trouver ainsi à la porte de sa maison avec ce jeune homme presque en chemise et si près de lui » (I, 6). Égal social de Mme de Rênal, Julien eût porté l'habit et la redingote, et peut-être Stendhal n'eût-il pas écrit que « de sa vie une sensation purement agréable n'avait aussi profondément ému Mme de Rênal ». Il est précisé plus loin qu'elle se figure tous les hommes sur le modèle de son mari, de M. Valenod et du sous-préfet de

Maugiron: « La grossièreté, et la plus brutale insensibilité à tout ce qui n'était pas intérêt d'argent, de préséance ou de croix ; la haine aveugle pour tout raisonnement qui les contrariait, lui parurent des choses naturelles à ce sexe, comme porter des bottes et un chapeau de feutre » (I, 7). Julien lui apparaît comme doublement étranger au monde des hommes qu'elle connaît, par sa jeunesse et par son origine sociale.

Quoiqu'elle ait été « frappée de l'extrême beauté de Julien », elle ne s'en effraie pas, parce que l'idée d'amour est en dehors du champ de sa conscience. L'infériorité sociale de Julien souligne sa jeunesse, rassure la timidité de Mme de Rênal, et permet à son amour de naître inconsciemment sous le nom fictif de tendresse maternelle : « Il y avait des jours où elle avait l'illusion de l'aimer comme son enfant » (I, 17). Julien est d'autant plus stupide de craindre le mépris de son amie que leur différence de classe sert leur amour : « C'était précisément comme *jeune ouvrier*, rougissant jusqu'au blanc des yeux, arrêté à la porte de la maison et n'osant sonner, que Mme de Rênal se le figurait avec le plus de charme » (I, 13). Tout en faisant son éducation, en l'initiant aux rouages de la société, Mme de Rênal admire Julien, et naïvement prisonnière des conceptions de sa classe rêve même de le gagner à la bonne cause : « Elle le voyait pape, elle le voyait premier ministre comme Richelieu. – Vivrai-je assez pour te voir dans ta gloire ? disait-elle à Julien, la place est faite pour un grand homme ; la monarchie, la religion en ont besoin » (I, 17). Mais l'humble origine de Julien n'a fait que favoriser la naissance de l'amour chez Mme de Rênal. La tendresse protectrice devient une passion absolue, et arrache complètement Mme de Rênal à la morale de sa classe

LA CONQUÊTE DE MATHILDE, TRIOMPHE SOCIAL

Contrairement à la rencontre de Julien et de Mme de Rênal, riche d'émotions et de sensations qui préludent à leur liaison, la première entrevue de Julien et de Mathilde de La Mole est parfaitement froide : « Il aperçut une jeune personne, extrêmement blonde et fort bien faite, qui vint s'asseoir vis-à-vis de lui. Elle ne lui plut point » (II, 2), impression confirmée quelques chapitres plus loin : « Que cette grande fille me déplaît ! » (II, 8). Air masculin, hautain, regard froid, voix sèche et mordante, toute la personne de Mathilde proclame sa supériorité sociale, et glace Julien. Au bal du duc de Retz, entendant des compliments dithyrambiques sur la « reine du bal », il s'étonne que Mathilde soit aux yeux des autres une beauté séduisante, et décide de revenir sur son impression spontanée : « Puisqu'elle passe pour si remarquable aux yeux de ces poupées, elle vaut la peine que je l'étudie » (II, 8). C'est donc par la réflexion qu'il se convainc du charme de Mathilde ; et plus tard, leurs relations amoureuses lui donnent surtout des jouissances de vanité : « Cet amour n'était fondé que sur la rare beauté de Mathilde, ou plutôt sur ses façons de reine et sa toilette admirable. En cela Julien était encore un *parvenu* » (II, 13). Seul le rang social de Mathilde pousse Julien à cette liaison, qu'il voit dès le début comme un « commerce armé ». Se souvenant d'un mot du duc de Chaulnes qui le classe parmi les « domestiques », il se dit « avec des regards de tigre » : « Eh bien, elle est jolie [...]. Je l'aurai, je m'en irai ensuite, et malheur à qui me troublera dans ma fuite ! » (II, 10).

Le « plébéien révolté » engage la bataille avec la jeune aristocrate : d'où la fréquence comique des métaphores militaires dans le discours intérieur de Julien lorsqu'il pense à Mathilde. « Dans la bataille qui se prépare [...], l'orgueil de la naissance sera comme une colline élevée, formant position militaire entre elle et moi. C'est là-dessus qu'il faut manœuvrer » (II, 14). « Il se compara à un général qui vient de gagner à demi une grande bataille » (II, 31), et il se jette dans la lecture du *Mémorial de Sainte-Hélène**, pour se guider dans sa vie amoureuse ! Lorsque, craignant un traquenard, il fait copier la lettre de rendez-vous de Mathilde, il s'écrie : « Aux armes. » Il est « l'homme malheureux en guerre avec toute la société », et cette société s'incarne en Mathilde de La Mole.

Être aimé de Mathilde, c'est se hisser au rang des grands seigneurs qui l'éblouissent malgré le mépris qu'il s'imagine éprouver à leur égard : « *Enfin moi* [...] *moi, pauvre paysan*, j'ai donc une déclaration d'amour d'une grande dame ! » ; « Je l'emporte sur le marquis de Croisenois. » Julien entre « dans le jardin, fou de bonheur » (II, 13). Julien est fasciné par M. de Croisenois, en qui il voit toutes les qualités qui lui manquent personnellement : l'esprit d'à-propos, la naissance, la fortune. En aimant Mathilde, Julien copie les désirs de son rival, s'assimile à lui. Le plaisir de posséder Mathilde est « le divin plaisir de [se] voir sacrifier le marquis de Croisenois, le fils d'un duc, et qui sera duc lui-même » (II, 15). La jouissance de vanité est beaucoup plus forte que lors de la liaison avec Mme de Rênal, parce que Mathilde est d'un rang très supérieur, et que les rivaux supplantés sont donc infiniment plus prestigieux. Le désir qu'il éprouve pour Mathilde est donc essentiellement inauthentique. Elle n'apparaît désirable que parce que *les autres* la désirent; sa possession n'est un plaisir que parce qu'elle est un triomphe sur « ces autres » qui ont sur lui tous les avantages de la naissance et de la fortune. Elle lui permet d'avoir de lui-même une image flatteuse. D'où l'autodestruction totale à laquelle le poussent les froideurs et les mépris de Mathilde. Loin de se rebeller contre la condamnation qu'elle porte sur sa personne, il y souscrit avec un masochisme délirant : « Elle avait connu son peu de mérite. Et en effet, j'en ai bien peu ! se disait Julien avec pleine conviction » (II, 19). « Cette âme si ferme était enfin bouleversée de fond en comble. » Il ne s'agit pas d'un désespoir d'amour. Julien avait cristallisé sur Mathilde tous ses rêves de succès, et sans la caution de cet amour, il ressent à nouveau son néant social qu'il assimile à un néant de tout son être : « Le dégoût de soi-même ne peut aller plus loin » (II, 24). Tiré du désespoir par le prince Korasoff, il applique le plan de bataille que ce dernier lui transmet, et reconquiert, avec Mathilde, sa confiance en lui et son énergie. Bien entendu, « ce bonheur était plus d'orgueil que d'amour » (II, 31) ; pensant avoir dans ses bras une reine, il se sent roi lui-même.

Une bravade sociale

L'amour de Mathilde pour Julien n'est pas plus pur. Stendhal nous la présente comme une jeune personne en tous points favorisée par le destin, et qui s'ennuie mortellement dans son milieu : « Que pouvait-elle désirer ? La fortune, la haute naissance, l'esprit, la beauté à ce qu'on disait, et à ce qu'elle croyait, tout avait été accumulé sur elle par les mains du hasard » (II, 11). Sa vie semble toute tracée : épouser Croisenois, « chef-d'œuvre de l'éducation de ce siècle », être la reine des bals. Quel projet faire, quand on possède tout ? Cet avenir tout tracé l'ennuie donc déjà.

En fait, son caractère rappelle en bien des points celui de Julien. Comme lui, elle rêve de courage, de gloire militaire : « S'exposer au danger élève l'âme et la sauve de l'ennui où mes pauvres adorateurs semblent plongés » (II, 11). Comme lui, elle admire par-dessus tout l'énergie individuelle. Les circonstances historiques ne lui permettant pas de conspirer, elle transporte dans le domaine de l'amour ses rêves d'action « audacieux et superbes ». « Mon bonheur sera digne de moi [...]. Il y a déjà de la grandeur et de l'audace à oser aimer un homme placé si loin de moi par sa position sociale » (II, 11). C'est parce que Julien lui est socialement très inférieur qu'elle le choisit. Son origine, son éducation lui confèrent une sorte d'exotisme et surtout mettent d'emblée leurs relations hors du commun. « Tout doit être singulier dans le sort d'une fille comme moi. » Il faut que Julien soit non seulement pauvre mais roturier : plus grande est la distance qui les sépare, plus extraordinaire sera la liaison de Mlle de La Mole avec Julien. La distance sociale remplace les murs du couvent ou le meurtre d'un père.

Une décision intellectuelle

Semblable aux Précieuses ridicules récitant à Gorgibus les règles de l'Amour, Mathilde se donne comme modèle « les descriptions de passion » qu'elle a lues dans *Manon Lescaut, La Nouvelle Héloïse,* les *Lettres d'une religieuse portugaise,* etc. « Il n'était question, bien entendu, que de la grande passion [...]. Elle ne donnait le nom d'amour qu'à ce sentiment héroïque que l'on rencontrait en France du temps de Henri III et de Bassompierre » (II, 11). Son « amour » est donc le fruit d'une décision intellectuelle : « Une *idée* l'illumina tout à coup : J'ai le bonheur d'aimer » ; cet amour chasse l'ennui, a la saveur du fruit défendu, et la place définitivement hors de « l'ornière tracée par le vulgaire ». Bref, Mathilde, qui ne rêve que « d'exciter continuellement l'attention », s'est donné un amour qui la singularise et qui, s'il y a une révolution, lui assurera un grand rôle.

Une liaison fondée sur l'orgueil

Mais la révolution ne vient pas. Mathilde, dans l'impossibilité de faire éclater la grandeur de son geste et sûre d'être aimée de Julien, le méprise parfaitement. Elle qui se voulait au-dessus de sa classe cède aux préjugés les plus communs, et l'origine sociale de Julien, qui l'avait fait distinguer au départ, lui apparaît brusquement comme une tare honteuse : « Elle était en quelque sorte anéantie par l'affreuse idée d'avoir donné des droits sur elle à un petit abbé, fils d'un paysan. C'est à peu près [...] comme si j'avais à me reprocher une faiblesse pour un des laquais » (II, 20).

Pour la reconquérir, Julien est donc sans cesse obligé de prouver qu'il appartient au monde des héros, soit en menaçant de la tuer, soit en apparaissant comme un cruel séducteur (épisode de la maréchale de Fervaques). C'est entre eux le cercle infernal du mépris : s'il montre son amour, Julien est méprisé – et se méprise lui-même. S'il affecte le mépris, Mathilde cesse de le considérer comme « un être inférieur dont on se fait aimer comme on veut » et quitte son attitude méprisante. Incapable de concevoir des relations égalitaires, elle s'écrie alors : « Sois mon maître », passant du sadisme au masochisme. Toute sincérité sentimentale est donc exclue de cette liaison dont la racine, chez chacun des antagonistes, est l'orgueil. Même lorsque Mathilde, à la fin du roman, parvient à « aimer réellement » Julien, elle ne peut se désintéresser de l'opinion publique, qu'elle entend fasciner par ses actions téméraires et ses gestes théâtraux. Sa relation avec Julien est donc sans cesse

médiate : « Il fallait toujours l'idée d'un public et des *autres* à l'âme hautaine de Mathilde. »
Son dernier geste lui-même – tenir sur ses genoux la tête de son amant, puis l'ensevelir de ses mains – est copié sur un illustre modèle : l'histoire de Marguerite de Navarre et du jeune La Mole. L'ancêtre de Mathilde, Boniface de La Mole, avait été décapité en place de Grève pour avoir été l'amant de la reine Marguerite de Navarre. Cet épisode, qui exalte l'imagination de Mathilde et cristallise les vertus d'héroïsme et de passion seules capables de l'émouvoir, lui sert jusqu'à la fin de référence. Ainsi, même aux instants suprêmes, Mathilde est incapable d'inspiration spontanée. Du début à la fin, son amour est sous le signe du spectaculaire et de la provocation. Et lorsque Julien est exécuté, Mathilde en est plus amoureuse que jamais parce que son crime prouve une détermination et une énergie extraordinaires, justifiant son choix initial. Il n'est plus « mon petit Julien », ce petit-bourgeois qu'elle contemplait curieusement. Sa condamnation à mort, « la seule chose qui ne s'achète pas », selon le bon mot prémonitoire de Mathilde, le distingue à jamais. En ce sens, pour Mathilde, le roman finit bien !
Le rôle que joue la conscience de classe dans la naissance et le développement du sentiment amoureux chez les héros du *Rouge et le Noir* est donc essentiel. La bonne et timide Mme de Rênal ne se serait jamais prise d'affection pour Julien s'il ne lui était d'abord apparu comme un « enfant » à guider, à protéger, à éduquer, parce que sa basse naissance le laissait ignorant et dénué de tout. Loin d'être un « domaine réservé », l'amour est le champ de bataille où Julien livre son combat pour être reconnu comme un égal par celles qui lui sont socialement supérieures, et pour se venger de ceux qui le méprisent. Il est enfin le terrain privilégié où Mathilde décide de prouver qu'elle est un être extraordinaire.

5 Significations du roman

LE TRIOMPHE DE JULIEN

L'arriviste a atteint ses objectifs

Sur la place d'armes de Strasbourg, à la tête du 15e régiment de hussards, un des plus élégants de l'armée, caracole le chevalier de La Vernaye, monté sur le plus beau cheval de l'Alsace. Les chevaux, les uniformes, les livrées des gens de ce jeune lieutenant sont célèbres.

Qui reconnaîtrait le petit paysan en larmes sonnant à la porte de Mme de Rênal trois ans plus tôt ?

De fait, Julien a parcouru un chemin immense. De charpentier, devenu précepteur, puis secrétaire particulier d'un grand seigneur, il doit sa fortune à la séduction de la fille de celui-ci : une inscription de dix mille livres de rente, puis des terres dans le Languedoc, et enfin un brevet de lieutenant de hussards et le titre de chevalier de La Vernaye. M. de La Mole, d'abord outré de la conduite de Julien, finit par se résigner au mariage de sa fille et rêve de bâtir une brillante situation à ce gendre inattendu. En fait, son intelligence et son cœur l'ont adopté ; il est significatif qu'il envisage de lui faire transmettre sa pairie, au détriment de son fils Norbert. Julien a donc tout ce dont il rêvait au début du roman. Tout ce qui rappelait son origine a été effacé : il a appris à s'habiller comme un dandy, à danser, à se battre à monter à cheval.

Le changement de nom vient consacrer cette véritable mutation du personnage. Il n'est plus Julien Sorel, fils du charpentier de Verrières ; il est M. de La Vernaye, fils naturel d'un grand seigneur. La fable de son origine bâtarde, mais noble, inventée autrefois par le chevalier de Beauvoisis qui ne voulait pas avoir tiré l'épée contre un manant, a été reprise à propos par M. de La Mole, et va être accréditée par ses soins. La reconnaissance implicite de sa haute naissance est acceptée par le puissant abbé de Frilair — moyennant le règlement du procès qui l'opposait à M. de La Mole.

Voici donc Julien anobli, aussi bien dans l'opinion publique que sur les papiers officiels. Mais l'essentiel est que Julien se mette à croire lui-même à cette histoire : « Serait-il bien possible [...] que je fusse le fils naturel de quelque grand seigneur exilé dans nos montagnes par le terrible Napoléon ? À chaque instant cette idée lui semblait moins improbable » (II, 35). Lui qui était animé, au début du roman, du « feu sacré avec lequel on se fait un nom » (I, 12), en accepte un tout fait du père de la jeune fille qu'il a séduite. Noble, époux d'une femme noble, il va fonder une dynastie, et se projette déjà sur l'enfant à naître — qui ne saurait être qu'un fils, puisqu'il doit être le double fortuné de Julien. On mesure la trahison de classe de Julien : il se rêve de sang noble.

Corollairement, son dieu tutélaire, son modèle, Napoléon, « l'homme envoyé de Dieu pour les jeunes Français », est devenu « ce terrible Napoléon », terme dont se servent ses ennemis, les aristocrates. Objectivement, en acceptant la mission secrète que lui confie M. de La Mole, en acceptant d'être l'émissaire de la conspiration ultra*, il travaille contre les « deux cent mille jeunes gens appartenant à la petite bourgeoisie » et désireux de sortir de leur médiocrité, jeunes gens dont il faisait partie autrefois. Il s'étonne que les conspirateurs ultras parlent franchement devant lui : « Comment dit-on de telles choses devant un plébéien ? » (II, 24). Mais c'est que ces conspirateurs ne se trompent pas sur son appartenance sociale réelle à l'époque où ils l'utilisent dans leur complot. Il n'a plus rien du «plébéien révolté» qu'il était à dix-neuf ans ; insidieusement, lentement, il est devenu l'un des leurs. Et ils ont raison de lui faire confiance: il prend très au sérieux sa mission, il l'accomplit scrupuleusement. Et il contribue à écraser les nouveaux Julien Sorel.

La transformation morale de Julien

Bien entendu, ce « changement de camp » objectif s'est accompagné d'une transformation morale. On peut mettre deux scènes en parallèle. L'une se situe tout au début du roman (I, 7). Julien a du mal a contenir son indignation devant le respect dont on entoure M. Valenod : « Un homme qui évidemment a doublé et triplé sa fortune, depuis qu'il administre le bien des pauvres ! Je parierais qu'il gagne même sur les fonds destinés aux enfants trouvés, à ces pauvres dont la misère est encore plus sacrée que celle des autres ! Ah ! monstres ! monstres ! » Des larmes de généreuse indignation lui viennent aux yeux; il s'assimile à ces enfants trouvés. Or, dans la deuxième partie du roman, nous le voyons réclamer cette place de directeur du dépôt de mendicité* pour son père, qu'il juge le plus fieffé des coquins ! Il fait également attribuer le bureau de loterie de Verrières à un vieil imbécile réactionnaire, alors qu'il avait été demandé par M. Gros, célèbre géomètre et homme généreux. Il a bien un recul devant sa propre turpitude, mais il se reprend : « Ce n'est rien, se dit-il, il faudra en venir à bien d'autres injustices, si je veux parvenir » (II, 7). Ailleurs, il conclut cyniquement qu'une position sociale plus élevée rendrait ses « coquineries » « moins ignobles ». Ainsi, le lieutenant de La Vernaye n'est plus, apparemment, l'ardent Julien du début. « Mon roman est fini, et à moi seul tout le mérite », s'écrie-t-il avec orgueil (II, 34). Son roman est bien fini, l'arriviste est « arrivé », et Stendhal aurait pu arrêter là son livre, laissant à sa brillante carrière un héros qui s'est trahi lui-même : Julien serait un Rastignac bourgeois, *Le Rouge et le Noir*, une sorte de leçon de cynisme.

COUP DE THÉÂTRE : LE CRIME DE JULIEN ET SES INTERPRÉTATIONS

Julien est-il devenu fou ?

Le crime de Julien, ce brusque rebondissement de l'intrigue, a déconcerté, voire indigné les critiques. « Le dénouement du *Rouge et le Noir* est bien bizarre, et, en vérité, un peu plus faux qu'il n'est permis [...]; tous les personnages perdent la tête [...]; Julien, l'impeccable ambitieux, l'homme de sang-froid effrayant et de volonté imperturbable, est le plus insensé de tous », écrit Faguet (*Revue des Deux Mondes*, 1892). Léon Blum a un jugement analogue : « On ne conçoit de la part de Julien ni jalousie ni désir de vengeance », et il ne trouve qu'une explication à cette fin aberrante : Stendhal a suivi le canevas historique; Berthet, « modèle » de Julien, ayant voulu assassiner, Julien en fait autant, au détriment de la vraisemblance psychologique.

Henri Martineau, lui, prend à la lettre les mots de Faguet : « Julien est insensé » et interprète son acte comme un geste de fou. Le héros devenu un « véritable malade », aurait agi dans un « état second »

Louis-Martin Chauffier renchérit: « J'avancerais [...] que Julien n'aurait pas tiré du tout si Stendhal ne l'avait traîné de force à travers la moitié de la France, ne lui avait mis l'arme en main, n'avait lui-même appuyé sur la gâchette. Dans toute cette affaire, il n'y a qu'un assassin responsable, c'est l'auteur. C'est lui qui dicte à Mme de Rênal sa lettre incroyable, qui fait accomplir à cet ambitieux enfin parvenu, non à la réussite, mais sur le seuil grand ouvert de la réussite, un voyage de deux longs jours et quarante petites lignes pour exécuter un geste insensé, qui lui ôte d'abord l'esprit puis le conduit au supplice. Crime avec préméditation, et dont le mobile apparaît clairement : Stendhal voulait tuer M. le lieutenant Julien Sorel de La Vernaye parce qu'il ne savait plus qu'en faire[1]. »

Somme toute, Julien est devenu fou et sa folie permet à Stendhal de l'envoyer à la guillotine, solution pour se débarrasser d'un héros désormais importun.

Toutes ces analyses se fondent sur un même principe : Stendhal manque d'art. Il était à bout d'imagination, la fin du roman est une corvée expédiée vaille que vaille.

1. « L'impérieuse vocation d'Henri Beyle », in *Le Mot d'ordre du 20 mai 1942.*

Julien reste-t-il fidèle à lui-même ?

L'explication de P.-G. Castex a le mérite de prendre l'écrivain au sérieux, et de donner un sens à cette fin étonnante. Il place cet acte dans une perspective logique : brutalement déçu au moment de son triomphe, cet ambitieux ne s'avoue pas vaincu et, montrant une fois de plus la force de caractère déployée dans tout le roman, il se venge, sur la personne de Mme de Rênal, de l'aristocrate qui le « barre ». Son crime consacre sa victoire, en dépit de l'échec social qui l'a commandé. Son orgueil a le dernier mot. Par son énergie lucide, il se montre d'une « trempe égale à celle des aristocratiques héros des futures *Chroniques italiennes*[1] ». Comme eux, il s'accomplit dans son crime, sans lequel il ne serait plus qu'un raté. Julien, ému en revoyant le visage aimé de Mme de Rênal, ne trouve la force de tirer que parce qu'il fait de ce meurtre un devoir absolu. Il est ainsi parfaitement fidèle à lui-même.

À un niveau plus profond, l'acte de Julien peut recevoir une autre interprétation. Mme de Rênal a tracé de lui un portrait ignoble : « Pauvre et avide, c'est à l'aide de l'hypocrisie la plus consommée, et par la séduction d'une femme faible et malheureuse, que cet homme a cherché à se faire un état et à devenir quelque chose... » (II, 35). Or ce portrait, vu de l'extérieur, est parfaitement juste : Julien a séduit Mme de Rênal, et c'est la conquête de Mathilde qui lui a donné fortune et noblesse. Seul Julien sait que ce portrait est faux : devenir l'amant de Mme de Rênal le vengeait des nobles qui le regardaient avec un sourire protecteur à son bout de table.

Le geste d'un « plébéien révolté »

Mais Julien n'est pas le Paysan parvenu[2], jamais il n'a voulu tirer de profits matériels de ses conquêtes. Loin de s'inscrire dans une stratégie sociale, elles restaient des triomphes purement psychologiques. Comme il le disait lui-même de Mathilde : « Je l'aurai, je m'en irai ensuite. » Cette caricature déshonorante, ce miroir

1. P.-G. Castex, *Le Rouge et le Noir de Stendhal* (Sedes, 1967, p. 319).
2. Marivaux, *Le Paysan parvenu*, 1735.

déformant qui lui impose Mme de Rênal, il importe de les détruire, et sur-le-champ, il se débarrasse de l'image odieuse qu'on voulait lui imposer, et il affronte ouvertement la société : « J'ai été offensé d'une manière atroce : j'ai tué, je mérite la mort, mais voilà tout. Je meurs après avoir soldé mon compte envers l'humanité » (II, 36). Son acte lui permet de conserver son honneur et sa propre estime. Comme il le dit un peu plus loin : « Que me restera-t-il [...] si je me méprise moi-même ? » (II, 45). L'essentiel n'est d'ailleurs pas le crime — question qu'il règle en deux mots : « Mon crime est atroce, et il fut prémédité. J'ai donc mérité la mort, messieurs les jurés » — mais la vision beaucoup plus large qu'il donne de sa vie au tribunal : « Vous voyez en moi un paysan qui s'est révolté contre la bassesse de sa fortune » (II, 41). Il place donc lui-même son crime dans une perspective de lutte sociale, plus précisément de lutte des classes : « Je n'ai point l'honneur d'appartenir à votre classe. »

Il interprète à l'avance le verdict des jurés qui voudront, non pas punir un assassin, mais à travers lui « décourager à jamais cette classe de jeunes gens qui, nés dans une classe inférieure et en quelque sorte opprimés par la pauvreté, ont le bonheur de se procurer une bonne éducation, et l'audace de se mêler à ce que l'orgueil des gens riches appelle la société » (II, 41). Il n'y a pas de justice, il n'y a qu'une justice de classe, rendue par les « bourgeois indignés ». De même qu'il n'y a pas de droit naturel. La loi est faite par les puissants ; la société n'a aucun fondement moral, elle n'est que rapports de force : « Les gens qu'on honore ne sont que des fripons qui ont eu le bonheur de n'être pas pris en flagrant délit » (II, 44).

Ainsi, effaçant grâce à son crime sa trahison passagère, Julien redevient le « plébéien révolté » qu'il était au début. Il rejoint le camp des « contestataires » — au moins par le discours, puisque, de toute façon, il est « hors combat », emprisonné et voué à une mort très proche.

Le combat de Julien était sans issue, parce qu'il était solitaire. Un individu ne peut à lui seul transformer la société : or, à aucun moment, Julien n'essaie de faire bloc avec des compagnons, au séminaire par exemple, pour provoquer l'éclatement des structures d'une société qu'il abhorre. Son aventure individuelle ne pouvait avoir de solution heureuse : ou il échouait, et devenait un aigri ou il « réussissait », et il était « récupéré » par la société même qu'il prétendait combattre. La tentative de meurtre de Mme de Rênal et son discours au tribunal le sauvent in extremis d'une réussite qui aurait été un reniement.

QUI PERD GAGNE

La fin du *Rouge et le Noir* est en fait construite sur un double coup de théâtre : en un premier temps, le héros, qui triomphait, est précipité du haut de son succès. En un second temps, au moment où il semble avoir tout perdu — où socialement il a de fait tout perdu –, il s'aperçoit qu'il a tout gagné, mais sur un autre plan. Isolé dans sa prison, Julien rentre en lui-même. Il y fait des découvertes « étonnantes » : « Je croyais que par sa lettre à M. de La Mole [Mme de Rênal] avait détruit à jamais mon bonheur à venir, et, moins de quinze jours après la date de cette lettre, je ne songe plus à tout ce qui m'occupait alors » (II, 36). Il se revoit en fringant lieutenant, avec un détachement ironique. Julien, délivré des luttes sociales, est métamorphosé : « L'ambition était morte en son cœur, une autre passion y était sortie de ses cendres ; il l'appelait le remords d'avoir assassiné Mme de Rênal. Dans le fait il en était éperdument amoureux » (II, 39).

Un personnage enfin lucide et sincère

Julien entre dans le règne de l'authentique : revoyant son détestable père, pas un instant il ne doute d'être son fils. Son amour pour Mathilde, si mêlé d'ambition, de revanche sociale, a disparu. Du fils qu'elle attend de lui, et dont il faisait sa consécration sociale, il transfère moralement la maternité à Mme de Rênal : « Mettez votre enfant en nourrice à Verrières. Mme de Rênal surveillera la nourrice » (II, 39). Tout lui apparaît dans une lumière nouvelle. Il trouve un bonheur singulier « à se livrer tout entier au souvenir des journées heureuses qu'il avait passées jadis à Verrières ou à Vergy ». Il avait gâché son amour par « la sotte idée d'être regardé comme un amant subalterne, à cause de sa naissance obscure » (I, 16). Désormais, puisqu'il a « réglé son compte » à la société, livré publiquement son combat social, il peut laisser son cœur le guider dans le domaine sentimental. Purifié de ses complexes, de ses rancœurs, il voit clair, et reconnaît l'amour véritable dans le lien qui l'a uni à Mme de Rênal. Dans sa prison, Julien est à la fois en dehors de l'espace social et en dehors du temps. Libéré des projets, il peut enfin jouir du présent. Avec une parfaite lucidité, il analyse son passé avec Mme de Rênal : « Autrefois [...] quand j'aurais pu être si heureux pendant nos promenades dans les bois de Vergy, une ambition fougueuse entraînait mon âme dans les pays imaginaires. Au lieu de serrer contre mon cœur ce bras charmant qui était si près de mes lèvres, l'avenir m'enlevait à toi ; j'étais aux innombrables combats que j'aurais à soutenir pour bâtir une fortune colossale » (II, 45). Ambition, avenir, combats, telle était la thématique de Julien ; maintenant, il pense en termes d'amour et de bonheur : « L'homme a deux êtres en lui », constate-t-il. Chez lui, l'ambitieux étouffait le sentimental. Par un beau paradoxe, emprisonné, le voilà libre.

Un personnage enfin heureux et réconcilié avec lui-même

On retrouve ici le thème paradoxal du bonheur en prison cher à Stendhal. Julien en prison, s'abandonnant enfin à son amour, est le pendant de Fabrice enfermé dans la tour Farnèse (*La Chartreuse de Parme*) et goûtant le bonheur parfait grâce à son amour pour Clélia. Il n'a plus besoin de se fixer des obligations toujours contraires à ses impulsions, plus besoin d'oser des gestes qu'il ne désire pas, ni de retenir ceux qu'il désire. « La main de fer du devoir », selon sa propre expression, a lâché prise, le laissant libre de choisir le bonheur. Il était sans cesse tendu vers l'accomplissement d'un projet; il glisse dans une vie « pleine d'incurie et de rêves tendres ». Quand on cherche à lui faire faire quelque démarche pour éviter la condamnation à mort, à le réintégrer, somme toute, dans le réel, il refuse avec horreur : « Laissez-moi ma vie idéale. Vos petites tracasseries, vos détails de la vie réelle, plus ou moins froissants pour moi, me tireraient du ciel. » Il s'étonne lui-même : « Il est singulier pourtant que je n'aie connu l'art de jouir de la vie que depuis que j'en vois le terme si près de moi » (II, 40). Ce n'est pas singulier du tout : seul ce terme proche, en l'arrachant à la société, le rend à lui-même. Il a poursuivi sans relâche pendant presque quatre ans un but dont il comprend à la fin l'inanité. Il dilate à l'infini par la profondeur du bonheur le petit nombre de jours qu'il lui reste à vivre : « Ne pouvons-nous pas passer deux mois ensemble d'une manière délicieuse ? Deux mois, c'est bien des jours. Jamais je n'aurai été aussi heureux » (II, 43). En même temps qu'à l'amour, il s'abandonne aux sensations : « Marcher au grand air fut pour lui une sensation délicieuse. » Autrefois sa « noire ambition » le distrayait des plaisirs que donne la contemplation d'un paysage. Ce n'est pas qu'il manquât de sensibilité naturelle : à plusieurs reprises, Stendhal le montre attentif au paysage, mais il souligne en même temps que son ambition fait écran entre le monde et lui. Rendu à l'amour, il l'est aussi au monde, au moment même où il va le quitter. « Jamais cette tête n'avait été aussi poétique qu'au moment où elle allait tomber. Les plus doux moments qu'il avait trouvés jadis dans les bois de Vergy revenaient en foule à sa pensée et avec une extrême énergie » (II, 45).

Il meurt réconcilié avec lui-même. À la phrase suivante, en effet, il n'est déjà plus là : « Tout se passa simplement, convenablement, et de sa part sans aucune affectation » (II, 45). Ce « tout » vague escamote l'exécution, empêche le « retour au détails de la vie réelle » que redoutait Julien, et constitue, comme le dit Jean Prévost, un cas d' « euthanasie littéraire ». Elle est l'équivalent stylistique de la mort dans le destin de Julien, qui, en dénouant ses contradictions, lui avait permis, dans ses derniers mois, d'accéder enfin au bonheur.

LE BONHEUR EST-IL POSSIBLE ?

Le Rouge et le Noir est une condamnation absolue de la société française de l'époque. Paris est une « comédie perpétuelle », la « paix des champs » s'avère « un enfer d'hypocrisie et de tracasseries ». Les ultras* sont prêts à écraser le peuple pour assurer leurs privilèges, les prétendus « libéraux » ne rêvent qu'à la gloire et aux « centaines de mille francs gagnés par Mirabeau ».

Naît-on en haut de la hiérarchie sociale ? On est une « poupée » comme Norbert.

Naît-on en bas de l'échelle ? On perd son âme à tenter de sortir de la médiocrité.

Conclusion pessimiste : le bonheur n'est pas possible dans une telle société. « N'y aura-t-il donc jamais une pauvre petite place pour le simple passager ? » (II, 1), gémit Saint-Giraud, un personnage du *Rouge et le Noir* qui, semblable à Stendhal, aime la musique, la peinture, et pour qui « un bon livre est un événement ». Mais il doit reconnaître que la politique le chasse, lui qui ne voulait de sa vie entendre parler politique. La prise de conscience de ce que la société est radicalement mauvaise pourrait déboucher sur un combat pour la détruire et en construire une autre, combat qui ne saurait être que collectif. Mais Julien est trop individualiste et trop impatient pour adopter une telle attitude.

Il reste alors la possibilité d'arracher des bribes de bonheur, en marge de la société. Pour cela, encore faut-il connaître ses vrais besoins. « Tout le malheur ne vient que d'erreur[1] », dit Stendhal. Julien, qui ignorait sa véritable nature, sensible, amoureuse, a gâché les instants heureux qu'il aurait pu goûter à Vergy. Mais, à la fin du livre, à la fois définitivement à l'écart de la société et délivré de ses illusions sur le monde et sur lui-même, il trouve enfin le bonheur.

Les conditions extraordinaires qui sont réunies pour que Julien soit heureux prouvent le pessimisme de Stendhal. Mais la mort de son héros est un instant parfait : ayant eu la révélation de la beauté et de l'amour, il illustre, par sa maîtrise de soi et son élégance au moment suprême, les valeurs stendhaliennes.

---

1. *Correspondance*, lettre à sa sœur Pauline, vendredi 11 mai 1804.

6 Le « réalisme » stendhalien

STENDHAL : « ÉCRIVAIN DU XVIIIE SIÈCLE »

De même qu'on pourrait assimiler idéologiquement Stendhal à un républicain du XVIIIe siècle, teinté d'aristocratisme, on pourrait rapprocher son style de celui des philosophes du siècle des Lumières et notamment de Montesquieu[1]. Contre les recherches formelles de ses contemporains, il prône l'emploi d'une expression classique : « Soyons classiques dans les expressions et les tours[2]. » Il s'insurge violemment contre Chateaubriand : « Le beau style de M. de Chateaubriand me sembla ridicule dès 1802. Ce style me semble dire une quantité de petites faussetés[3]. »
Il adresse les mêmes reproches à J.-J. Rousseau et à George Sand. La forme doit faire corps avec l'idée, éviter la gratuité ornementale. Le danger pour l'écrivain serait de s'abandonner à une forme lourde et opaque : « Le meilleur [style] est celui qui se fait oublier et laisse voir le plus clairement les pensées qu'il énonce[4] » ; « Je ne vois qu'une règle : le style ne saurait être trop *clair*, trop simple[5]. »
Ses modèles sont Napoléon et le Code civil, aboutissement de la prose française du XVIIIe siècle. Comme sur le plan des idées, il y a chez Stendhal refus d'un style fondé sur l'emphase, la fausseté, l'hypocrisie. Cette attitude s'inscrit encore dans la continuation du

---

1. « Deux seuls livres me donnent l'impression du *bien écrit* : *Les Dialogues des morts* de Fénelon, et Montesquieu. » Lettre à Balzac du 16 octobre 1840.

2. *Racine et Shakespeare*, X, 7

3. Lettre à Balzac du 16 octobre 1840. Dans le *New Monthly Magazine* (1er juin 1825), il écrit encore : « Le meilleur des écrivains en prose est, croyons-nous, l'hypocrite le plus consommé de France. »

4. Stendhal, *Mémoires d'un touriste*, Toulon, 1837.

5. Stendhal, Lettre à Balzac, 16 octobre 1840.

XVIIIe siècle, période durant laquelle l'expression se révèle une arme, instrument de dialogue ou de satire, où tout est rationnel, clair, à la taille de l'homme.

Tout au long du XIXe siècle, le style va au contraire cesser d'être transparent pour devenir un obstacle à l'expression, une fin en soi, une recherche autonome : « La forme littéraire développe un pouvoir second, indépendant de son économie [...] ; elle fascine, elle dépayse, elle enchante, elle a un poids ; on ne sent plus la littérature comme un mode de circulation socialement privilégié, mais comme un langage consistant, profond, plein de secrets [...]. Tout le XIXe siècle a vu progresser ce phénomène de concrétion. Chez Chateaubriand, ce n'est encore qu'un faible dépôt[1]... »

C'est contre cette tendance que Stendhal veut lutter. Sa langue, sur plusieurs points, continue celle du XVIIIe siècle : sobre, peu descriptive, utilisant des tours allusifs, des ellipses, préférant aux articulations logiques la juxtaposition des éléments de la phrase. Ses descriptions des lieux et des personnages sont souvent rapides, rarement pittoresques. Doit-on attribuer cette apparente pauvreté à une incapacité ou à un parti pris délibéré ?

STENDHAL ET LE RÉALISME

Le refus du réalisme balzacien

Stendhal écarte la description pour elle-même, le tableau pittoresque en soi. Toute réalité n'est pas nécessairement intéressante et le rôle de l'écrivain consiste à choisir ce qui est significatif. Il ne s'agit pas de donner une « photographie » de la réalité, de l'inventorier dans ses moindres détails, mais bien de l'interpréter pour en dégager les lignes de force. « On arrive à la petitesse dans les arts par l'abondance des détails et le soin qu'on leur donne[2]. »

1. Roland Barthes, *Le Degré zéro de l'écriture* (Le Seuil, 1963, pp. 10-11).
2. Stendhal, *Rome, Naples et Florence* (I, p. 67), cité par Georges Blin, *Stendhal et les problèmes du roman* (J. Corti, 1953, p. 32).

On ne trouvera donc pas, chez Stendhal, de grands tableaux exhaustifs, campant longuement le décor de l'action comme chez Balzac. Doit-on pour autant affirmer qu'il n'y a pas entre le milieu et les personnages de relation directe de causalité et que, comme le dit Georges Blin, « il ne détermine pas, ne résout pas le personnage de l'extérieur comme Zola[1] » ?

Certes, le milieu ne sécrète pas mécaniquement et fatalement l'individu, mais le cadre que Stendhal donne à ses personnages est toujours chargé de signification, aide à comprendre les protagonistes. Ainsi, la description de Verrières sur le plan économique, géographique, social, politique, explique les mœurs et la psychologie de ses habitants. Plutôt que la description scrupuleuse d'une ville de province comme l'aurait fait Balzac, Stendhal préfère mettre en lumière les lignes dominantes des milieux décrits, la loi générale, le typique[2] plutôt que l'anecdotique (*cf.* les titres de ses chapitres : « Une petite ville », « Un maire », etc.), le tissu des relations sociales qu'on trouve en général dans une ville de province sous la Restauration.

Cependant, Stendhal ne se contente pas d'une esquisse théorique, il a besoin pour ancrer son roman dans l'histoire de ce qu'il appelle des « petits faits vrais » empruntés à l'actualité, qui donnent l'impression du vécu. Mais ces faits ne sont pas choisis arbitrairement ; ils viennent corroborer une thèse, et tisser naturellement la chronique d'une petite ville de province : la visite du roi à Verrières, l'adjudication de la maison à Saint-Giraud, etc.

Du point de vue chronologique, Stendhal ne donne pas de date précise ; mais il fournit des indications qui peuvent permettre de dater l'action : l'allusion au succès d'*Hernani* indique qu'on est en février 1830 et l'anniversaire de l'exécution de Boniface de La Mole qu'on est le 30 avril. Mais il se soucie peu de cohérence : s'appuyant sur les éléments fournis par l'auteur, H. Martineau[3] en arrive à la

---

1. Georges Blin, *op. cit.*, p. 45.

2. « Verrières, dans ce livre, est un lieu imaginaire que l'auteur a choisi comme le type des villes de province. » Stendhal, Lettre au comte de Salvagnoli.

3. H. Martineau, *Le Cœur de Stendhal*, Éd. Albin Michel (1983).

conclusion que Julien Sorel a dû être exécuté le 25 juillet 1831, date postérieure à la publication de l'ouvrage !

Un « réalisme subjectif[1] »

Cette chronologie incertaine va de pair avec une totale irrégularité de la vitesse du récit (rapport entre le nombre de pages et la durée couverte). Le récit fait alterner des épisodes de longue durée et des moments très brefs. Voici à titre d'exemple le déroulement de la première partie : chap. 1 à 5 : trois jours ; chap. 6 : quelques heures ; chap. 7 : quatre ou cinq mois ; chap. 8 à 11 : environ trois mois ; chap. 13 à 17 : cinq jours ; chap. 18 à 23 : quelques mois ; chap. 24 à 29 : quatorze mois ; chap. 30 : une journée et deux nuits.

Les chapitres qui couvrent une longue période permettent l'évolution et la maturation de Julien, et ceux qui décrivent longuement des scènes très courtes correspondent à des moments intenses (soirée où Julien prend la main de Mme de Rênal au chapitre 9, conversation avec l'abbé Pirard au chapitre 24, etc.). Le temps est donc fonction du héros, de ses sentiments et des crises qu'il traverse.

De même, si Stendhal élimine la vision panoramique d'un témoin idéal, c'est que la réalité n'est jamais perçue qu'à travers la personnalité de ses protagonistes, et essentiellement de Julien. Durant presque tout le roman, nous découvrons le monde avec lui, progressivement, en même temps que lui, et nous n'en percevons que ce qu'il en retient. Le monde n'existe pas quand Julien ne le regarde pas ; les personnages s'évanouissent lorsque Julien les élimine de son champ mental (la maréchale de Fervaques disparaît brusquement dès lors que Julien cesse de s'y intéresser). Et quand Julien ne comprend pas une situation (la mise en scène de l'évêque d'Agde[2]) ou qu'il ne saisit qu'une partie de la réalité (la réunion de la Note secrète[3]), nous n'en savons pas plus que lui.

---

1. Cette expression, comme beaucoup d'autres par la suite, est empruntée au livre de Georges Blin, *Stendhal et les problèmes du roman, op. cit.*
2. Cf. Livre I, chap. 18.
3. Cf. Livre II, chap. 22 et 23.

Aussi les modes d'appréhension du monde seront ceux de Julien ·
on peut en relever au moins trois.

Le style ironique des *Lettres persanes* ou de *L'Ingénu*

Souvent, Julien est une espèce d'étranger qui perçoit les choses naïvement, sans y reconnaître les significations sociales, les codes, les convenances. Il découvre de l'extérieur un monde qui semble absurde, théâtral, sans causalité. On retrouve là le procédé des philosophes du XVIIIe siècle qui aboutit à une satire pénétrante des institutions en place. Ce regard ironique jeté sur la société est utilisé fréquemment dans *Le Rouge et le Noir* : la cérémonie de Bray-le-Haut, la soirée chez Valenod, les soirées des salons parisiens, les séances de la Note secrète, celles du tribunal à la fin du livre. Voici, par exemple, la préparation de l'évêque d'Agde avant la cérémonie : « Un jeune homme, en robe violette et en surplis de dentelle, mais la tête nue, était arrêté à trois pas de la glace. Ce meuble semblait étrange en un tel lieu, et, sans doute, y avait été apporté de la ville. Julien trouva que le jeune homme avait l'air irrité ; de la main droite il donnait gravement des bénédictions du côté du miroir.
Que peut signifier ceci ? pensa-t-il. Est-ce une cérémonie préparatoire qu'accomplit ce jeune prêtre ? » (I, 18). Cette technique sert la démonstration de Stendhal : le geste est saisi en gros plan, vide de sens, grotesque, théâtral. Cela met en lumière la vacuité des institutions, le mécanique qui recouvre le vivant ; c'est un moyen de transformer les personnages en marionnettes, en fantoches.

Le style de combat

Une fois déchiffré, le monde devient pour Julien un lieu de combat, et il l'interprète à travers ses projets. Or, justement, cet intellectuel a une « conscience trop étroite par rapport à la complexité du monde[1] ». Il ne regarde presque jamais ce qui l'entoure ; Stendhal présente comme exceptionnelle toute perception du paysage par

1. Lucien Goldmann, *Pour une sociologie du roman* (Le Seuil, 1964, p. 25).

Julien, qui est absorbé dans ses desseins et n'a pas un instant à perdre (*cf.* ses réflexions après les propositions de Fouqué : « Quoi ! je perdrais lâchement sept ou huit années ! j'arriverais ainsi à vingt-huit ans ; mais, à cet âge, Bonaparte avait fait ses plus grandes choses », I, 12). Julien va donc vite ; il livre une course de vitesse continuelle avec la société. Or, selon G. Blin: «Le mouvement est incolore, le pittoresque toujours statique[1]. »

On saisit ici toute la différence avec les personnages de Flaubert, passifs, velléitaires, sans projets : un Frédéric Moreau peut observer et décrire le monde, car il n'agit pas sur lui, il est détaché, en marge. Le monde, n'étant plus saisi dans une visée, peut envahir le roman, s'étaler, écraser le héros. Cela n'est pas possible pour un héros comme Julien qui essaye de calquer tous ses actes sur ceux de Napoléon. De là, la rapidité du rythme, le caractère passionné, agressif, improvisé de ce style.

Le style poétique

Cependant, Julien, à certains moments, arrête de combattre, s'accorde des temps de repos et de contemplation. Parfois aussi, il se laisse toucher par l'environnement, notamment lorsqu'il se retrouve seul : poésie des sommets (Julien sur la montagne suivant le vol de l'oiseau de proie, I, 10). Parfois encore, il dépose sa cuirasse et se laisse aller à la poésie de l'amour et à la rêverie amoureuse (heures passées sous les tilleuls à Vergy, I, 9). Enfin, surtout, lorsqu'il est en prison et que son combat est terminé, il peut se laisser aller au bonheur avec Mme de Rênal (II, 37 à 45).

---

1. Georges Blin, *op. cit.*, p. 105.

7 La technique narrative : les contrepoints

LES INTRUSIONS DE L'AUTEUR

Les interruptions du récit et les remarques incidentes

Ayant écrit du point de vue exclusif de Julien[1], Stendhal se priverait d'une vision « objective » tant du héros lui-même que des autres personnages. Aussi compense-t-il « la restriction de champ » par des intrusions fréquentes, directes, qui lui permettent soit d'ajouter un complément d'information : « Le lecteur est peut-être surpris de ce ton libre et presque amical ; nous avons oublié de dire que depuis six semaines le marquis était retenu chez lui par une attaque de goutte » (II, 7), soit de porter un jugement personnel sur son héros : « À ce coup terrible, éperdu d'amour et de malheur, Julien essaya de se justifier. Rien de plus absurde. Se justifie-t-on de déplaire ? Mais la raison n'avait plus aucun empire sur ses actions » (II, 20).

À tout moment, au cœur même de chaque phrase, Stendhal introduit des notations personnelles : « Les libéraux de l'endroit prétendent, *mais ils exagèrent*, que la main du jardinier officiel est devenue bien plus sévère depuis que M. le vicaire Maslon a pris l'habitude de s'emparer des produits de la tonte » (I, 2).

La pointe ironique et malicieuse vient s'intercaler subrepticement et fait entendre, sans en avoir l'air, le contraire de ce qu'elle affirme.

Le jeu sur les possibles

Victor Brombert a très justement observé combien l'intervention de l'auteur se traduisait à travers le choix des temps[2].

---

1. Fait significatif, dans ses notes, Stendhal donne à son roman le titre de *Julien*.
2. Victor Brombert, *Stendhal et la voie oblique* (P.U.F., 1954).

Si l'imparfait et le passé simple sont utilisés comme les temps habituels du récit, le conditionnel marque presque toujours la présence de Stendhal. Il permet de représenter le décalage entre l'omniscience, la lucidité de l'auteur et l'inconscience de ses personnages : aux gaucheries de ces derniers s'opposent des conseils tactiques qui permettraient de surmonter les difficultés : « Si, au lieu de se tenir caché dans un lieu écarté, il eût erré au jardin et dans l'hôtel, de manière à se tenir à la portée des occasions, il eût peut-être en un seul instant changé en bonheur le plus vif son affreux malheur » (II, 18).

La même construction est reprise très souvent (II, 36). Stendhal, à l'intérieur même de la fiction, projette d'autres fictions, s'offrant ainsi une revanche imaginaire sur la vie.

La distanciation

Grâce à ces divers procédés, Stendhal critique souvent de façon ironique le caractère adolescent de ses héros et leur attitude romanesque. Il se moque des rêves de gloire de Julien (I, 12). Il critique souvent son comportement : « Sans cette sottise de faire un plan, l'esprit vif de Julien l'eût bien servi [...] » (I, 14) ; « il fut assez sot pour penser [...] » (I, 14).

Selon certains critiques, il adopterait par là un point de vue rationnel et adulte, pragmatique et réaliste, motivé par sa timidité et sa pudeur. Certes, l'appréhension du lecteur et de la censure, la crainte de paraître ridicule sont indéniables chez Stendhal, de même qu'un certain plaisir à se montrer plus lucide que ses créatures. Mais ces critiques vont de pair avec des éloges souvent très enthousiastes et sincères.

Alter ego ou tuteur, Stendhal n'est jamais un intrus parmi les héros de ses livres : « Il est à leur diapason, parce qu'il est de la même race qu'eux. Stendhal est le premier et le plus admirable des personnages stendhaliens[1]. »

---

1. Claude Roy, *Stendhal par lui-même* (Le Seuil, 1957, p. 54).

L'ART DES PRÉPARATIONS : PRÉSAGES ET LEITMOTIV

Stendhal, par effet d'art ou par volonté de composition, a semé son livre de signes prémonitoires, de présages, éléments sans doute appréciés alors mais qui nuisent à la volonté de réalisme.

Peut-être y a-t-il aussi la volonté de Stendhal de plonger ses héros dans une atmosphère de fatalité tragique ?

L'avertissement le plus spectaculaire est celui du chapitre 5 de la première partie lorsque Julien, se rendant à l'église de Verrières, remarque sur le prie-Dieu un morceau de papier imprimé sur les « Détails de l'exécution et les derniers moments de Louis Jenrel, exécuté à Besançon... » Julien note : « Son nom finit comme le mien. » « En sortant, Julien crut voir du sang près du bénitier, c'était de l'eau bénite qu'on avait répandue : le reflet des rideaux rouges qui couvraient les fenêtres la faisait paraître du sang » (I, 5). Tout cela annonce directement à la fois la scène[1] où Julien entre dans l'église de Verrières et tire deux coups de pistolet sur Mme de Rênal (II, 35) et celle de son exécution.

De même, le thème de la condamnation à mort est un véritable leitmotiv ; Mathilde, la première, y fait allusion : « Je ne vois que la condamnation à mort qui distingue un homme, pensa Mathilde : c'est la seule chose qui ne s'achète pas » (II, 8). Ce sujet est repris avec l'exécution en place de Grève de Boniface de La Mole le 30 avril 1574, qui prépare l'exécution de Julien ; le geste de Mathilde prolonge celui de Marguerite de Navarre.

À ces divers rappels, on peut ajouter le thème de l'isolement sur un lieu élevé. C'est à « cinq ou six pieds » du sol, « à cheval sur l'une des pièces de la toiture » (I, 4), dans la scierie de son père, qu'on découvre Julien pour la première fois. C'est encore, lors de son voyage chez son ami Fouqué, dans une grotte en haut d'une montagne, que Julien éprouve le bonheur : « Julien resta dans cette

1. Annoncée aussi par le chapitre 28 de la première partie où Mme de Rênal s'évanouit dans l'église à la vue de Julien.

grotte plus heureux qu'il l'avait été de la vie, agité par ses rêveries et par son bonheur de liberté » (I, 12). Enfin, c'est dans cette grotte qu'il demande à être enterré et que Mathilde célébrera la cérémonie finale. Mais la construction relève-t-elle de Stendhal lui-même ou des héros qui mettent en scène de façon théâtrale leur propre vie, lui donnant ainsi les dimensions d'un destin ?

LE RYTHME DANS *LE ROUGE ET LE NOIR*

C'est à travers son rythme que se retrouvent tous les éléments du style de Stendhal, ce rythme qui, pour Claude Roy, est « la vraie poésie de la prose[1] » et que Gide qualifie en ces termes : « Ce quelque chose d'alerte et de primesautier, de discontinu, de subit et de nu qui nous ravit toujours à neuf dans son style[2]. »
Cette allure pressée, cette accélération constante relèvent de certains choix de Stendhal déjà examinés : l'absence d'emphase et de détail ornemental ; l'art de plonger le lecteur dans le présent de son héros et de ne pas lui en révéler davantage, ce qui provoque un sentiment d'improvisation et d'immédiateté ; la langue de Stendhal, classique et sobre, fruit d'un long apprentissage, mais qui produit néanmoins l'effet de la transparence et de la spontanéité. « Il semble toujours qu'on surprenne sa pensée au saut du lit, avant la toilette[3]. »
L'étude de la construction de ses phrases révèle d'autres procédés : l'art de placer les mots essentiels, les formules frappantes à la fin et de laisser ainsi le lecteur sur une impression forte. On retrouve la même technique au niveau du paragraphe et de la scène. Cela donne une sensation de densité, de concentration extrême, un refus de la complaisance dans l'émotion. « La vertu de Julien fut égale à son bonheur. Il faut que je descende par l'échelle, dit-il à Mathilde, quand il vit l'aube du jour paraître... » (II, 19) ; Stendhal résume ainsi la nuit passée avec Mathilde[4]. On ne saurait dire les faits plus rapidement.

---

1. Claude Roy, *op. cit.*, p. 54.
2. André Gide, *Journal*, 3 septembre 1937.
3. André Gide, *ibid.*, 1er février 1942.
4. Et plus loin : « Elle se trouva enceinte et l'apprit avec joie à Julien » (II, 32).

Les phrases viennent se juxtaposer, se presser, sèches, cassantes (peu ou pas d'adjectifs) : « Comme deux heures venaient de sonner, un grand mouvement se fit entendre. La petite porte de la chambre des jurés s'ouvrit. M. le baron de Valenod s'avança d'un pas grave et théâtral, il était suivi de tous les jurés. Il toussa, puis déclara qu'en son âme et conscience la déclaration unanime du jury était que Julien Sorel était coupable de meurtre, et de meurtre avec préméditation : cette déclaration entraînait la peine de mort ; elle fut prononcée un instant après. Julien regarda sa montre, et se souvint de M. de Lavalette ; il était deux heures et un quart. C'est aujourd'hui vendredi, pensa-t-il » (II, 41).

Cette sobriété pathétique aboutit à un sublime vrai ; en donnant des faits bruts, sans leur prolongement, Stendhal a l'art de pratiquer l'ellipse, le raccourci, la coupe brutale. Comme dans la citation précédente, on voit que Stendhal passe du récit au monologue intérieur sans transition, sans effort d'accommodation.

Il use aussi de procédés empruntés à d'autres genres que le roman :

– les formules brèves, les personnages secondaires caricaturés, les décors rapidement esquissés, la succession accélérée de petites scènes comiques rappellent le conte voltairien : « Mathilde vit les premiers avocats du pays, qu'elle offensa en leur offrant de l'or trop crûment ; mais ils finirent par accepter » (II, 38) ;

– les confidents (Mme Derville, Fouqué), l'art de l'exposition puis la montée progressive de la tension qui se précipite dans le dénouement, l'emploi de dialogues rapides, véritables duels oratoires avec échange de répliques sèches, enfin la fréquence des monologues intérieurs, tout cela évoque le genre dramatique.

Mais le propre de Stendhal est justement de rassembler dans un seul mouvement, sans transition, ces éléments pour nous donner cette impression de vie débordante, prise sur le vif, dans laquelle Julien semble sans cesse improviser. Ce rythme, c'est Julien qui lui donne sa vigueur et sa nervosité : c'est le rythme de la jeunesse.

8 La réception de l'œuvre

JUGEMENT DE STENDHAL SUR SON ŒUVRE

Stendhal a commenté son œuvre dans un « Projet d'article sur *Le Rouge et le Noir* » écrit en 1832 : « Première audace : *Le Rouge et le Noir* décrit la société contem-poraine et ne sacrifie pas à la précision anecdotique. [...] Deuxième audace : le roman décrit les formes aberrantes que revêt l'amour dans la société parisienne de l'époque et, d'une façon plus générale, fait le portrait de la "France morale" de 1830. [...] Le naturel dans les façons, dans les discours est le beau idéal auquel M. de S[tendhal] revient dans toutes les scènes importantes de son roman. » En conclusion, Stendhal récapitule avec satisfaction les mérites de son roman « vif, coloré, plein d'intérêt et d'émotion. L'auteur a su peindre avec simplicité l'amour tendre et naïf ».

QUELQUES POINTS DE VUE SUR L'ŒUVRE

Une bonne partie des journalistes s'insurge contre « l'atrocité morale » du héros, partant, de l'écrivain : « Un homme singulièrement brouillé avec la simplicité, une dénonciation en forme contre l'âme humaine ; une sorte d'amphithéâtre où on le voit disséquer pièce à pièce la lèpre morale dont il la croit rongée » (*Revue de Paris*, 1830); « De l'Algèbre sur le cœur humain ; il prend huit à dix personnes et les barbouille de rouge et de noir... Tout mouton cachera sous sa laine l'âme d'un garçon boucher » (*L'Artiste*, 1831).
Citons l'appréciation humoristique de son ami Mérimée : « Un de vos crimes, c'est d'avoir exposé à nu et au grand jour certaines plaies [...]. Il y a dans le caractère de Julien des traits atroces dont tout le monde sent la vérité, mais qui font horreur. Le but de l'art n'est pas de montrer ce côté de la nature humaine [...]. Vous êtes

impardonnable d'avoir mis en lumière les vilenies cachées de cette belle illusion [l'amour] » (*Lettres à Stendhal*, LXXIV, p. 221).

Plus tard, Zola lui reprochera d'être trop abstrait et de négliger le contexte concret des actions : « Personne n'a possédé à un degré pareil la mécanique de l'âme. Une idée se présente, c'est la roue qui va donner le branle à toutes les autres. [...] Le logicien conduit ses personnages avec une rigueur extrême au milieu des écarts les plus contradictoires en apparence... Chacun des caractères qu'il a créés est une expérience de psychologue qu'il risque sur l'homme... Stendhal pour moi n'est pas un observateur qui part de l'observation pour arriver à la vérité grâce à la logique ; c'est un logicien qui part de la logique et qui arrive souvent à la vérité, en passant par-dessus l'observation... » (*Les Romanciers naturalistes*, 1881).

Avec le recul du temps, les critiques ont su voir dans l'aventure de Julien un destin exemplaire, qui illustre une vérité historique dépassant celle de la « société de 1830 ». Ainsi Paul Bourget : « Cette continuelle oscillation entre l'Armée et l'Église devrait nous donner l'idée d'un temps bien vieux. Il n'en est rien parce que l'auteur a su mettre un dessous permanent à ces accidents. Si Julien hésite dans sa carrière, s'il est ému jusqu'à la frénésie par son adaptation à la vie parisienne, c'est qu'il est *un plébéien en transfert de classe* » (Préface à l'édition J. Marsan, 1923).

Enfin, Paul Valéry insiste sur le « ton » inimitable de Stendhal : « Ce qui frappe le plus dans une page de Stendhal, ce qui sur-le-champ le dénonce, attache ou irrite l'esprit, c'est le ton... Et de quoi ce ton est-il fait ? Je l'ai peut-être déjà dit : être vif à tous risques, écrire comme on parle quand on est homme d'esprit, avec des allusions même obscures, des coupures brusques, des bonds et des parenthèses ; écrire presque comme on se parle ; tenir l'allure d'une conversation libre et gaie ; pousser parfois jusqu'au monologue tout nu ; toujours et partout fuir le style poétique, et faire sentir qu'on le fuit, qu'on déjoue la phrase *perse*, qui, par le rythme et l'étendue, sonnerait trop pur et trop beau, atteindrait ce genre soutenu que Stendhal raille et déteste, où il ne voit qu'affectation, attitude, arrière-pensées non désintéressées » (*Variété II*, 1930).

TROISIÈME PARTIE

Lectures analytiques

Texte 1 | Livre I, chapitre 6

Avec la vivacité et la grâce qui lui étaient naturelles quand elle était loin des regards des hommes, madame de Rênal sortait par la porte-fenêtre du salon qui donnait sur le jardin, quand elle aperçut près de la porte d'entrée la figure d'un jeune paysan presque encore enfant, extrêmement pâle et qui venait de pleurer. Il était en chemise bien blanche, et avait sous le bras une veste fort propre en ratine violette.

Le teint de ce petit paysan était si blanc, ses yeux si doux, que l'esprit un peu romanesque de madame de Rênal eut d'abord l'idée que ce pouvait être une jeune fille déguisée, qui venait demander quelque grâce à M. le maire. Elle eut pitié de cette pauvre créature, arrêtée à la porte d'entrée, et qui évidemment n'osait pas lever la main jusqu'à la sonnette. Madame de Rênal s'approcha, distraite un instant de l'amer chagrin que lui donnait l'arrivée du précepteur. Julien, tourné vers la porte, ne la voyait pas s'avancer. Il tressaillit quand une voix douce dit tout près de son oreille :

– Que voulez-vous ici, mon enfant ?

Julien se tourna vivement, et, frappé du regard si rempli de grâce de madame de Rênal, il oublia une partie de sa timidité. Bientôt, étonné de sa beauté, il oublia tout, même ce qu'il venait faire. Madame de Rênal avait répété sa question.

– Je viens pour être précepteur, madame, lui dit-il enfin, tout honteux de ses larmes qu'il essuyait de son mieux.

Madame de Rênal resta interdite, ils étaient fort près l'un de l'autre à se regarder. Julien n'avait jamais vu un être aussi bien vêtu et surtout une femme avec un teint si éblouissant, lui parler d'un air doux. Madame de Rênal regardait les

grosses larmes qui s'étaient arrêtées sur les joues si pâles d'abord et maintenant si roses de ce jeune paysan. Bientôt elle se mit à rire, avec toute la gaieté folle d'une jeune fille, elle se moquait d'elle-même, et ne pouvait se figurer tout
35 son bonheur. Quoi, c'était là ce précepteur qu'elle s'était figuré comme un prêtre sale et mal vêtu, qui viendrait gronder et fouetter ses enfants!

INTRODUCTION

Situer le passage

Julien Sorel, en ce début de roman et de chapitre, se rend chez M. de Rênal, maire de Verrières, pour devenir précepteur de ses enfants; cela va être sa première rencontre avec Mme de Rênal.

Dégager des axes de lecture

Une vivacité et une intensité très caractéristiques de la manière de Stendhal marquent cette première rencontre amoureuse qui s'inscrit aussi dans une atmosphère d'innocence et de grâce exceptionnelle dans tout le roman.

PREMIER AXE DE LECTURE
UNE SCÈNE DE RENCONTRE
PLEINE DE VIVACITÉ ET D'INTENSITÉ

Renversement et points de vue

Cette scène est construite sur un effet de surprise, un quiproquo dirait-on au théâtre, puisque Mme de Rênal prend Julien pour un jeune paysan « presque encore enfant », puis « pour une jeune fille déguisée », enfin pour « une pauvre créature ». Cette méprise provoque chez elle un comportement qu'elle n'adopterait pas avec un homme: proximité (elle se place « tout près de son oreille »), intimité maternelle, attitude naturelle. Julien, également, qui craint sa rencontre avec le maire de Verrières, est surpris par la douceur de Mme de Rênal (qu'il n'a pas vue approcher), et n'a pas le temps d'ajuster son masque et de jouer un rôle. De là, la spontanéité des deux personnages : Julien pleure, essuie ses grosses larmes, rosit. Mme de Rênal rit « avec toute la gaieté folle d'une jeune fille ». La différence d'âge est abolie et on se retrouve avec un enfant et une jeune fille. Cette ambiguïté sur l'âge, le sexe, et le statut social des deux personnages contribue à la nouveauté des sentiments qu'ils éprouvent, au naturel et à la mobilité de leurs réactions.

Stendhal, en narrateur omniscient, nous fait adopter successivement le point de vue de Mme de Rênal (l. 1-16), puis celui de Julien (l. 17-24), avant de croiser ensuite leurs regards pour terminer par le point de vue de Mme de Rênal. Par ce procédé, Stendhal parvient à faire les portraits de ses personnages, révèle ce que chacun a perçu de l'autre, et donne de la vivacité à cette scène. Il réussit également à alterner avec beaucoup de naturel récit, portraits croisés, peinture des sentiments, dialogues au style direct puis indirect libre (l. 35-37), créant un rythme alerte en adéquation avec les comportements juvéniles de ses créatures.

L'intensité émotionnelle

L'intensité tient en partie à la focalisation poussée de la description : les deux personnages sont coupés du monde extérieur, « loin des regards des hommes » et, très proches l'un de l'autre, leurs regards produisent des gros plans : « les grosses larmes qui s'étaient arrêtées sur les joues » de Julien. Face à face, désarçonnés dans leurs attentes négatives (le vieux précepteur sale et sévère pour l'une, le maire impressionnant pour l'autre), tous deux sont vulnérables et sous l'influence d'une émotion qui va croissant, notamment Julien qui « tressaille », avant d'être « frappé » du regard de Mme de Rênal, puis qui est « étonné » par sa beauté. Ces termes ont alors un sens beaucoup plus fort qu'aujourd'hui et traduisent l'ébranlement profond du jeune homme. L'effet est immédiat : « il oublia tout, même ce qu'il venait faire », au point qu'il n'entend pas la question de

Mme de Rênal, qui doit la reformuler. Cela révèle le degré extrême de son trouble et son absence de maîtrise de soi. Mme de Rênal, de son côté, d'abord « distraite » par Julien, reste « interdite » lorsqu'elle prend conscience de l'état social de Julien, c'est-à-dire qu'elle est frappée d'un trouble qui l'empêche d'agir et de parler. La trop forte émotion accumulée se résout dans une explosion, une crise de fou rire libérateur. En dehors des verbes et des adjectifs cités, toute la scène est jalonnée d'adverbes d'intensité (*aussi, si, jamais*) qui jouent le rôle de superlatifs et marquent l'acuité des sensations éprouvées par les deux protagonistes.
Cependant, si la scène est d'une grande intensité affective et émotionnelle, elle frappe en même temps par sa douceur et son absence de violence.

DEUXIÈME AXE DE LECTURE UNE ATMOSPHÈRE EXCEPTIONNELLE D'INNOCENCE ET DE GRÂCE

Un cadre naturel : le jardin

Dès le début de la scène, le décor est planté ou, plutôt, l'absence de décor : on n'est plus à l'intérieur (Mme de Rênal est sortie par la porte-fenêtre du salon, lieu de sociabilité et de mondanité), mais à l'extérieur, dans un jardin presque abstrait, sans aucune notation pittoresque qui distrairait l'attention du lecteur : il s'agit d'une idée de jardin, peut-être le premier jardin, le jardin d'Éden[1]. Une autre notation contribue à cette atmosphère un peu irréelle : Mme de Rênal se retrouve « loin des regards des hommes », c'est-à-dire loin d'un monde ennuyeux de conventions et d'apparences (voir chapitre 2), mais aussi loin des regards chargés de concupiscence (ceux d'un Valenod), loin donc du monde social et mondain, dans un lieu naturel où sa « grâce » (l. 1) peut s'exprimer.

---

1. Ce jardin évoque aussi les autres jardins des traditions littéraires médiévale et de la Renaissance où se déroule par convention la rencontre amoureuse.

Une ambiance de douceur et d'innocence

Si les émotions éprouvées par les deux protagonistes sont fortes, comme nous l'avons vu, la perception sensorielle que chacun a de l'autre est, en revanche, empreinte de douceur. Ce terme revient trois fois dans ce passage, ainsi que les notions de blancheur et de clarté. Rien de sensuel, mais plutôt un climat de grâce (le mot lui aussi revient plusieurs fois) et d'innocence. Deux sens seulement sont sollicités dans cet extrait : la vue – surtout – et l'ouïe (jamais le toucher, l'odorat, ou le goût). Julien et Mme de Rênal se regardent comme le premier homme regardant la première femme, avec stupeur et curiosité devant une espèce inconnue. Et, en effet, si Julien ne connaît les femmes que par ses lectures (on ne parle jamais de sa mère, il n'a que des frères), Mme de Rênal ne connaît guère les hommes et tous deux sont presque aussi neufs et naïfs devant l'amour. Comme nous le disions à propos du jardin, on pourrait évoquer Adam et Ève avant le péché, dans le paradis terrestre.

Le rythme de ce passage, alerte, fluide, apparaît à certains moments comme arrêté, suspendu, comme si l'action se déroulait au ralenti : Julien est « arrêté » à la porte d'entrée, il fait répéter sa question à Mme de Rênal, ses larmes « s'étaient arrêtées sur ses joues ». Stendhal semble vouloir prolonger, fixer ce moment de bonheur et de grâce que ses deux héros ne retrouveront plus qu'à la fin du roman, en prison, à nouveau coupés du temps social et du monde comme dans cette scène édénique.

CONCLUSION

Cette « chasse au bonheur », si chère à Stendhal, est donnée d'emblée à Julien à travers ce moment pur et frais, mais il a encore trop d'ambition sociale et de vanité, trop à se prouver, il est trop prisonnier de schémas idéologiques hérités de ses lectures pour le vivre simplement et naïvement. Il faudra qu'il traverse toutes les épreuves du livre pour en découvrir la valeur et retrouver, au terme de sa courte vie, des moments équivalents.

Texte 2 | Livre I, chapitre 9

On s'assit enfin, madame de Rênal à côté de Julien, et madame Derville près de son amie. Préoccupé de ce qu'il allait tenter, Julien ne trouvait rien à dire. La conversation languissait.

5 Serai-je aussi tremblant et malheureux au premier duel qui me viendra? se dit Julien, car il avait trop de méfiance et de lui et des autres pour ne pas voir l'état de son âme.

Dans sa mortelle angoisse, tous les dangers lui eussent semblé préférables. Que de fois ne désira-t-il pas voir survenir à madame de Rênal quelque affaire qui l'obligeât de rentrer à la maison et de quitter le jardin! La violence que Julien était obligé de se faire était trop forte pour que sa voix ne fût pas profondément altérée; bientôt la voix de madame de Rênal devint tremblante aussi, mais Julien ne s'en aperçut point. L'affreux combat que le devoir livrait à la timidité était trop pénible pour qu'il fût en état de rien observer hors lui-même. Neuf heures trois quarts venaient de sonner à l'horloge du château, sans qu'il eût encore rien osé. Julien, indigné de sa lâcheté, se dit: Au moment précis où dix heures sonneront, j'exécuterai ce que, pendant toute la journée, je me suis promis de faire ce soir, ou je monterai chez moi me brûler la cervelle.

Après un dernier moment d'attente et d'anxiété, pendant lequel l'excès de l'émotion mettait Julien comme hors de lui, dix heures sonnèrent à l'horloge qui était au-dessus de sa tête. Chaque coup de cloche fatal retentissait dans sa poitrine, et y causait comme un mouvement physique.

Enfin, comme le dernier coup de dix heures retentissait encore, il étendit la main et prit celle de madame de Rênal, qui la retira aussitôt. Julien, sans trop savoir ce qu'il faisait, la saisit de nouveau. Quoique bien ému lui-même, il fut frappé de la froideur glaciale de la main qu'il prenait ; il la serrait avec une force convulsive ; on fit un dernier effort pour la lui ôter, mais enfin cette main lui resta.

INTRODUCTION

Situer le passage

Julien Sorel, devenu précepteur, passe la belle saison avec la famille de Rênal dans son château de Vergy. Un soir, alors qu'il est assis sous le tilleul du jardin, comme à l'accoutumée, à converser avec Mme de Rênal et son amie, Mme Derville, Julien effleure par hasard la main de Mme de Rênal, qui la retire précipitamment. Se croyant méprisé, Julien se fait un devoir de la reprendre le lendemain mais, le lendemain, il n'a pas encore exécuté son projet lorsque, le soir, ils se retrouvent sous le tilleul.

Dégager des axes de lecture

Ce texte, antithétique du texte 1, nous présente une scène éminemment dramatique avec une montée de l'angoisse et un héros qui mène un combat dans lequel il lutte autant avec lui-même qu'avec un adversaire. Stendhal ne sympathise pas totalement avec son personnage et prend parfois avec lui une distance ironique.

PREMIER AXE DE LECTURE UNE SITUATION DRAMATIQUE ET ANGOISSANTE

La montée de l'angoisse et de la tension

La tension, qui a été continue durant toute la journée, atteint son paroxysme avec ce passage. Elle se manifeste dans la construction des paragraphes et des phrases. On a, en effet, après deux paragraphes de quatre et trois lignes, un troisième paragraphe de

quinze lignes qui semble ne vouloir jamais se terminer, puis une retombée par palier avec un dernier paragraphe de sept lignes qui, accumulant tous les verbes d'action de cet extrait, donne enfin une issue à cette situation
Les phrases sont aussi construites selon le même modèle avec un allongement dans le troisième paragraphe qui traduit la confusion et l'indécision de Julien. D'autres éléments symbolisent la difficulté de Julien à affronter la situation : la plupart des phrases, jusqu'au dernier paragraphe, sont à la forme négative ou expriment la négation (*rien, ne... pas, ne... point*, etc.). C'est d'ailleurs dans le dernier paragraphe que Julien devient le sujet des phrases et prend son destin en main.

La présence physique du temps

Le temps se manifeste dès le début de cet extrait : le mot *enfin*, qui apparaît trois fois, ouvre et ferme le texte ; il marque le terme d'une attente prolongée, irritante, interminable. A la fin du texte, il traduit au contraire le soulagement et le triomphe de Julien. La temporalité est presque personnifiée sous la forme de l'horloge du château, qui, plus présente dans cette nuit noire que Mme de Rênal, prend une dimension d'autant plus grande. En effet, l'ouïe – à l'exception du contact physique avec la main glaciale de Mme de Rênal dans le cinquième paragraphe — est le seul sens sollicité et cette « cloche fatal[e] » devient un personnage sadique qui torture Julien et semble se jouer de lui, marquant à plusieurs reprises l'écoulement fatidique du temps. D'autant que Julien, lui-même, a fait du temps le juge de la situation en se posant un ultimatum dramatique : ou il exécute le défi qu'il s'est lancé, ou il se brûle la cervelle. De là, l'urgence de la situation mais aussi, lorsqu'il se décide à agir, au terme du suspens, au dernier coup de dix heures, le côté presque miraculeux avec lequel les difficultés sont résolues dans le dernier paragraphe, comme si Julien avait soudain triomphé du dragon.
Cela pose la question du degré de réalité de ce drame.

DEUXIÈME AXE DE LECTURE
LES COMBATS RÉELS
ET IMAGINAIRES DE JULIEN

La conquête amoureuse est une guerre

Dès le début du chapitre 9, le matin qui précède cette scène, Julien examine Mme de Rênal et Stendhal note qu'« il l'observait comme un ennemi avec lequel il va falloir se battre ». Comme les libertins*, Julien utilise, dans toute cette scène, le vocabulaire de la guerre et de l'honneur pour évoquer la conquête féminine. Cependant, à la différence d'un Don Juan ou d'un Valmont, il vit douloureusement la conquête: elle n'a rien de joyeux, comme l'indique le champ lexical du combat: « duel », « dangers », « affreux combat », « indigné de sa lâcheté », « j'exécuterai », « me brûler la cervelle », « dernier effort ». Dans ce combat, l'amour et le désir n'existent pas, pas plus que Mme de Rênal qui est objectivée et se réduit finalement à une main. D'ailleurs, dans tout le passage, Julien est comme égaré: il est incapable d'alimenter la conversation qui « languissait »; puis il ne remarque pas que la voix de Mme de Rênal est « tremblante »; enfin, il serre « avec une force convulsive » la main de Mme de Rênal.

Un héros qui se fait violence et se torture

Mais le combat de Julien est plus encore un combat contre lui-même, contre sa nature et contre sa timidité. Tout le texte traduit cette violence qu'il retourne contre lui dans une lutte qui semble désespérée et au-dessus de ses forces. Le terme *trop* revient plusieurs fois pour exprimer l'aspect excessif de cet affrontement: « trop de méfiance », « trop pénible », « trop forte ». Le héros stendhalien doit déployer une énergie spirituelle qui lui permet de vaincre les résistances de son corps et de ses émotions.

Un combat imaginaire

Tout ce passage est observé du point de vue de Julien. Stendhal enregistre ses pensées, ses paroles, ses angoisses, mais on peut se demander si on doit faire confiance à ce que perçoit son héros. Si

Stendhal est très proche de son personnage, il note à plusieurs reprises que Julien n'a pas vu ou n'a pas enregistré telle ou telle chose à propos de Mme de Rênal. Mais, plus profondément, si Stendhal est influencé par « l'espagnolisme* » de sa famille maternelle (*Vie de Henry Brulard*), il ne peut pas s'empêcher de prendre une distance ironique avec les enfantillages de son héros. Stendhal n'est pas dupe des grands mots qu'emploie ici Julien, de sa grandiloquence : « mortelle angoisse », « l'affreux combat », « chaque coup de cloche fatal retentissait dans sa poitrine, et y causait comme un mouvement physique », tout cela n'est-il pas disproportionné pour simplement prendre dans le noir la main d'une douce femme dont la voix est « tremblante » et qui, un peu plus tard, dans ce même chapitre, redonnera spontanément sa main à Julien? Ces combats imaginaires font penser à un enfant qui se crée des épreuves factices et qui se pique au jeu. Plus encore, ils font penser à un autre personnage imaginatif, qui rêvait lui aussi à une époque glorieuse révolue et croyait pouvoir la faire revivre par ses exploits, le Don Quichotte de Cervantes. Chez les deux personnages, on retrouve la même nostalgie d'un passé révolu, la même solitude, la même fuite dans l'imaginaire et les livres, la même croyance de mener des combats surhumains. Certes, l'imagination de Julien n'a pas des effets aussi spectaculaires et comiques que celle de Don Quichotte car les projets de Stendhal et de Cervantes sont différents, mais le mécanisme psychologique est très proche.

CONCLUSION

Ce passage révèle ainsi les rapports très complexes que Stendhal entretient avec ses personnages : s'il leur communique beaucoup de lui-même et emprunte à sa propre biographie pour nourrir leur vie, s'il les rend parfois plus beaux, plus forts, plus heureux en amour, il est aussi leur mentor, et regarde leurs illusions et leurs bévues avec une distance ironique. Stendhal éprouve de l'admiration pour l'énergie et « l'espagnolisme* » de Julien, mais se moque aussi gentiment de lui, pour ses enfantillages et sa tendance théâtrale à grossir la réalité.

Texte 3 | Livre II, chapitre 45

Le mauvais air du cachot devenait insupportable à Julien. Par bonheur, le jour où on lui annonça qu'il fallait mourir, un beau soleil réjouissait la nature, et Julien était en veine de courage. Marcher au grand air fut pour lui une sensation 5 délicieuse, comme la promenade à terre pour le navigateur qui longtemps a été à la mer. Allons, tout va bien, se dit-il, je ne manque point de courage.

Jamais cette tête n'avait été aussi poétique qu'au moment où elle allait tomber. Les plus doux moments qu'il avait 10 trouvés jadis dans les bois de Vergy revenaient en foule à sa pensée et avec une extrême énergie.

Tout se passa simplement, convenablement, et de sa part sans aucune affectation.

L'avant-veille, il avait dit à Fouqué :

15 – Pour de l'émotion, je ne puis en répondre ; ce cachot si laid, si humide, me donne des moments de fièvre où je ne me reconnais pas ; mais de la peur, non, on ne me verra point pâlir.

Il avait pris ses arrangements d'avance pour que le matin 20 du dernier jour, Fouqué enlevât Mathilde et madame de Rênal.

– Emmène-les dans la même voiture, lui avait-il dit. Arrange-toi pour que les chevaux de poste ne quittent pas le galop. Elles tomberont dans les bras l'une de l'autre, ou 25 se témoigneront une haine mortelle. Dans les deux cas, les pauvres femmes seront un peu distraites de leur affreuse douleur.

Julien avait exigé de madame de Rênal le serment qu'elle vivrait pour donner des soins au fils de Mathilde.

– Qui sait ? Peut-être avons-nous encore des sensations après notre mort, disait-il un jour à Fouqué. J'aimerais assez à reposer, puisque reposer est le mot, dans cette petite grotte de la grande montagne qui domine Verrières. Plusieurs fois, je te l'ai conté, retiré la nuit dans cette grotte, et ma vue plongeant au loin sur les plus riches provinces de France, l'ambition a enflammé mon cœur : alors c'était ma passion... Enfin, cette grotte m'est chère, et l'on ne peut disconvenir qu'elle ne soit située d'une façon à faire envie à l'âme d'un philosophe... eh bien ! ces bons congréganistes de Besançon font argent de tout ; si tu sais t'y prendre, ils te vendront ma dépouille mortelle...

Fouqué réussit dans cette triste négociation. Il passait la nuit seul dans sa chambre, auprès du corps de son ami, lorsqu'à sa grande surprise, il vit entrer Mathilde. Peu d'heures auparavant, il l'avait laissée à dix lieues de Besançon. Elle avait le regard et les yeux égarés.

– Je veux le voir, lui dit-elle.

Fouqué n'eut pas le courage de parler ni de se lever. Il lui montra du doigt un grand manteau bleu sur le plancher ; là était enveloppé ce qui restait de Julien.

Elle se jeta à genoux. Le souvenir de Boniface de La Mole et de Marguerite de Navarre lui donna sans doute un courage surhumain. Ses mains tremblantes ouvrirent le manteau. Fouqué détourna les yeux.

Il entendit Mathilde marcher avec précipitation dans la chambre. Elle allumait plusieurs bougies. Lorsque Fouqué eut la force de la regarder, elle avait placé sur une petite table de marbre, devant elle, la tête de Julien, et la baisait au front... [...]

Madame de Rênal fut fidèle à sa promesse. Elle ne chercha en aucune manière à attenter à sa vie ; mais trois jours après Julien, elle mourut en embrassant ses enfants.

Situer le passage

Le passage se situe tout à la fin du roman. Julien attend son exécution. Il a été condamné à mort pour avoir tiré sur Mme de Rênal, dont il avait été l'amant avant de partir pour Paris. Au moment de son acte criminel, il était sur le point d'épouser Mathilde de La Mole, riche et noble héritière, et une lettre de Mme de Rênal l'avait dénoncé au marquis de La Mole comme un intrigant sans scrupules séduisant les femmes pour atteindre la fortune. En prison, il s'aperçoit qu'il n'a jamais cessé d'aimer Mme de Rênal et attend la mort dans le bonheur d'un amour partagé.

Dégager des axes de lecture

Face à la mort, Julien montre la fermeté d'âme qui a toujours été son idéal. En fait, dans ce finale, tous les personnages se montrent égaux à eux-mêmes : Fouqué, ami fidèle et dévoué jusqu'au bout, Mathilde, amante d'un courage digne d'une héroïne de légende, Mme de Rênal, mourant d'amour.

La fin du roman illustre l'art de Stendhal par la diversité des techniques narratives utilisées. Sur l'architecture d'ensemble du texte, elle reprend en contrepoint plusieurs scènes qui l'annonçaient : la visite de Julien à l'église de Besançon (I, 5), la découverte de la grotte au-dessus de Verrières (I, 12), l'histoire de Marguerite de Navarre et de Boniface de La Mole (II, 10), la condamnation à mort vue comme distinction suprême (II, 9). Cette fin en forme de clôture rassemble tous les fils du passé sans ouverture sur l'avenir.

PREMIER AXE DE LECTURE
« TEL QU'EN LUI-MÊME ENFIN L'ÉTERNITÉ LE CHANGE » (MALLARMÉ)

Confronté à sa mort prochaine, Julien a le souci obsédant de faire bonne figure. Quand les reproches de son père lui arrachent des larmes, lors de sa visite en prison, il est angoissé à l'idée qu'on puisse se méprendre sur leur cause et le croire « faible devant la mort », « lâche » (II, 44). Il repousse avec horreur l'idée, suggérée par son confesseur, de se convertir « avec éclat » — ce qui lui aurait permis d'échapper à la mort (II, 45) - parce qu'il ne veut pas se mépriser lui-même: « Je me ferais fort malheureux, si je me livrais à quelque lâcheté... » Comme l'emprisonnement dans son cachot sans air l'affaiblit, il craint une défaillance d'origine physique. « Par bonheur le jour où on lui annonça qu'il fallait mourir, un beau soleil réjouissait la nature » et « [m]archer au grand air fut pour lui une sensation délicieuse »: échappant à la faiblesse physique, Julien ne craint pas de manquer de courage. On peut s'étonner de la disproportion entre le plaisir procuré par le beau temps et le courage d'affronter la mort. Et pourtant, ces réactions épidermiques sont typiques de Julien, si sensible à la beauté sous toutes ses formes. L'euphorie du beau soleil favorise l'émergence des souvenirs heureux (les amours avec Mme de Rênal dans les bois de Vergy) et assure sa « fermeté » d'âme. Rendu à lui-même (c'est-à-dire à l'amour de Mme de Rênal, qui constitue l'essence de son être), délivré de l'avenir par le souvenir, et du présent par le courage, il meurt sans phrases, « sans aucune affectation » (l. 13), lui qui, toute sa vie, s'est évertué à jouer un rôle. Fidèle à son cœur, Mme de Rênal, qui avait promis de ne pas attenter à sa vie, meurt en embrassant ses enfants (l. 60-62).

Mathilde, qui se faisait fort de mourir de douleur à la mort de Julien, ne perd rien de sa vitalité. Elle trouve le courage de prendre entre ses mains la tête de son amant, se montrant à la hauteur de Marguerite de Navarre, qui avait demandé au bourreau la tête de son amant, Boniface de La Mole. Elle se conforme ainsi au rôle qu'elle s'était prescrit. Le roman ne nous dit pas ce qu'il advient d'elle par la suite. A-t-elle été guérie de son goût pour l'extraordinaire et s'est-elle résignée à jouir tranquillement des plaisirs attachés à sa naissance et sa fortune? On peut simplement constater qu'elle est restée jusqu'au-delà de la mort totalement imperméable à la vraie nature de Julien: elle fera couvrir de marbre les parois de la grotte où il voulait

« reposer » à l'abri des agitations de la société humaine, le privant de sa tranquillité posthume et l'ancrant dans le monde des vanités qu'il était si soulagé de quitter. Même si Julien et elle se sont rencontrés dans un commun mépris de la société de leur temps, ce mépris n'avait pas les mêmes sources et ils ne se sont pas compris.

DEUXIÈME AXE DE LECTURE
L'ART DU ROMANCIER

Techniques narratives

La fin du roman utilise diverses techniques narratives.
Le début du passage est à attribuer à un narrateur omniscient, qui a accès aux émotions de Julien et nous les raconte (« Marcher au grand air fut pour lui une sensation délicieuse »). Suit un fragment de monologue de Julien, qui permet, grâce au style direct, de conserver son vocabulaire: le mot « courage » (« Je ne manque point de courage ») reprend pour la dernière fois cette valeur si importante pour lui. Sa fin courageuse montre qu'il s'est montré à la hauteur de son idéal moral et si, au terme d'une vie placée sous le signe de l'ambition et du courage, l'ambition s'est révélée une fausse valeur, il lui est resté le « courage », apparition ultime de ce leitmotiv.
Le paragraphe suivant constitue une intrusion d'auteur. « Jamais cette tête n'avait été aussi poétique qu'au moment où elle allait tomber »: qui, sinon l'auteur, porte ce jugement de valeur?
Puis vient une des phrases les plus surprenantes du roman: « Tout se passa simplement, convenablement, et de sa part sans aucune affectation. » Nous sommes parvenus à un moment crucial du roman: la mort dramatique du héros, particulièrement spectaculaire puisqu'il va être guillotiné. Or rien ne nous est raconté de l'exécution elle-même. On voit ici combien Stendhal se situe loin des romanciers réalistes. Il renonce à la fois à la description et au pathos. Pour reprendre une formule de Jean Prévost, l'ellipse du récit est une « euthanasie littéraire ». La phrase précédente le montrait tout occupé du souvenir des doux moments passés auprès de Mme de

Rênal, et celle-ci nous fait faire un saut dans le temps, l'exécution ayant déjà eu lieu. Comme dans les tragédies classiques, la mort a eu lieu dans les coulisses. On pourrait rapprocher cette ellipse de celle qui évoquait la nuit d'amour de Julien et Mathilde (II, 19). Mathilde se précipite dans les bras de Julien qui vient d'entrer par la fenêtre en s'écriant : « C'est donc toi ! » Que dit, que fait Julien ? Suit une série de points de suspension. La scène d'amour est entièrement laissée à l'imagination des lecteurs : « Qui pourra décrire l'excès du bonheur de Julien ? » Pas l'auteur, en tout cas, qui ne s'y essaie pas. Il nous livre d'ailleurs, quelques lignes plus loin, la raison de l'ellipse : « il est plus sage de supprimer la description d'un tel degré d'égarement et de félicité ». Tout l'art du romancier consiste donc à suggérer au lieu de s'efforcer de décrire ce qui ne peut l'être. On ne trouve pas non plus de description de scène d'amour avec Mme de Rênal, pour les mêmes raisons. Cette esthétique de la suggestion, par opposition à celle de la description, est à mettre en contraste avec le détail des grandes scènes satiriques comme la première rencontre avec l'abbé Pirard ou le bal à l'hôtel de Retz.

Le paragraphe suivant est un retour en arrière qui restitue au discours direct les paroles de Julien. Dans une conversation avec Fouqué, il avait évoqué sa mort et l'endroit où il voulait « reposer » : la grotte au-dessus de Verrières. Cette réplique reprend le thème de l'ambition disparue, mais aussi celui de la vénalité de la société puisque Julien demande à Fouqué d'acheter sa dépouille aux congréganistes de Besançon. Le style direct nous permet d'entendre une dernière fois l'ironie amère caractéristique de Julien.

Tout ce qui suit, jusqu'à la fin, est raconté du point de vue d'un narrateur omniscient. On peut, comme plus haut, souligner le contraste entre la description détaillée de l'enterrement, transformé en scène d'opéra par Mathilde, et la concision, la neutralité de la phrase nous annonçant la mort de Mme de Rênal (« trois jours après Julien, elle mourut en embrassant ses enfants »). Ici encore, l'émotion la plus forte est simplement suggérée, et ce qui fait l'objet d'abondantes descriptions est souvent un élément de satire.

TROISIÈME AXE DE LECTURE

CONTREPOINTS

La fin du roman est à mettre en relation avec plusieurs scènes qui présentent un rapport symbolique puissant.

L'exécution de Julien est l'accomplissement du présage qu'il a eu l'impression de voir dans l'église de Verrières (I, 5). Trouvant un bout de journal relatant les « Détails de l'exécution et des derniers moments de Louis Jenrel, exécuté à Besançon », il est frappé par la ressemblance de leur nom de famille. En outre, les rideaux cramoisis accrochés aux croisées baignent les lieux d'une lumière rouge qui lui fait voir du sang dans l'eau renversée près du bénitier, aggravant son pressentiment sinistre. Il se trouve, de surcroît, que le bout de journal traînait sur le prie-Dieu de la famille de Rênal. Comme dans une tragédie antique, les événements viennent réaliser le destin fatal annoncé au héros par ces signes prophétiques.

Le thème de la condamnation à mort revient plusieurs fois dans le roman. Mathilde en fait un de ses thèmes de prédilection. C'est, selon elle, la seule distinction qui ne s'achète pas (II, 9). Et surtout, elle est fascinée par les amours de la reine Marguerite de Navarre avec son ancêtre Boniface de La Mole (II, 10). Lorsque celui-ci fut exécuté, son amante réclama sa tête au bourreau pour aller l'ensevelir elle-même. Mathilde pourra donc voir dans la condamnation de Julien une répétition de cette histoire glorieuse et fera, si l'on peut dire, encore mieux que son modèle en tenant la tête de son amant sur ses genoux.

Enfin, la grotte où Julien a demandé à « reposer » (il souligne ironiquement le terme) est celle qu'il avait découverte dans la montagne en se rendant chez son ami Fouqué (I, 12). Ce lieu solitaire lui avait offert l'impression d'être libre, parce que délivré de l'hypocrisie exigée par les relations avec les autres. Il s'y était livré au plaisir d'écrire ses pensées (prenant soin de brûler ces « confessions » en partant de la grotte) et de rêver à sa gloire future Il y avait goûté le bonheur (« Julien resta dans cette grotte plus heureux qu'il ne l'avait été de la vie, agité par ses rêveries et par son bonheur de liberté »). Bouclant la boucle de son destin, il veut retrouver dans la mort ce lieu à forte valeur symbolique découvert au moment où il s'élançait vers la vie. On peut d'ailleurs faire ur rapprochement ironique entre ses réflexions à l'époque et sa fin tragique ; la grotte l'avait charmé parce qu'elle était loin de tout : « Ici, dit-il avec des yeux brillants de joie, les hommes ne sauraient me faire de mal. » Et c'est sous la forme d'un cadavre décapité qu'il y retourne...

Dernier lien symbolique de ce passage avec l'ensemble du roman, la couleur du manteau dans lequel est enveloppé le cadavre de Julien. On a vu précédemment que Stendhal décrit peu. Or il prend soin de nous préciser que le manteau est bleu : couleur qui n'est donc ni le rouge de la gloire militaire, ni le noir de la carrière ecclésiastique. Julien a trouvé sa vérité en échappant aux deux couleurs qu'avait prises successivement son ambition. Il repose dans le bleu du ciel vu de la grotte de Verrières ou de sa cellule en haut de la prison.

CONCLUSION

On peut voir dans la fin du roman la confirmation du pessimisme de Stendhal : comme s'en plaignaient les voyageurs de la malle-poste au début du livre II, il n'y a pas de place dans la société humaine pour le « simple voyageur » qui voudrait se consacrer à la musique, à la peinture et à l'amour. Les intrigues, l'argent roi, la nécessité de « jouer le jeu », de porter un masque gâchent toutes les possibilités de bonheur. Quant à l'amour, il n'est goûté qu'en marge de la vie : en prison, et dans l'attente de la mort. Échapper au noir, échapper au rouge, ce n'est possible qu'en s'échappant de la société humaine, dans le bleu d'un monde idéal auquel seuls l'art et l'imagination donnent accès.

Lexique

Congrégation : voir dans cet ouvrage page 59.

Cure : charge à laquelle sont attachées la direction spirituelle et l'administration d'une paroisse.

Dépôt de mendicité : centre d'hébergement des déshérités créé par décret du 5 juillet 1808 dans chaque département.

Espagnolisme : terme pour évoquer des traits de caractère spécifiquement espagnols, et notamment un élan et un goût pour les grands sentiments que sa grand-tante Élisabeth communiqua au jeune Stendhal (voir *Vie de Henry Brulard*).

Jacobin : en référence à l'emploi du mot pendant la Révolution (1790), le mot désigne sous la Restauration les partisans d'une république sociale et centralisatrice.

Janséniste : adepte d'une doctrine religieuse au XVIIe siècle condamnée par le pape pour son rigorisme excessif et persécutée par la monarchie. Aux XVIIIe et XIXe siècles, cette doctrine survit comme courant d'opinion opposé à l'autorité absolue du pape et de la monarchie, et finit par rejoindre le courant humaniste et libéral.

Libertin : si le mot désigne au XVIIe siècle un courant philosophique qui s'affranchit de la religion, il prend progressivement le sens de débauché sur le plan des mœurs au cours des XVIIe et XVIIIe siècles.

Le Mémorial de Sainte-Hélène **:** ce livre de chevet de Julien Sorel qui parut en 1823 fut un des plus grands succès de librairie du siècle. Écrit par le comte de Las Cases (1766-1842), sous la dictée de Napoléon, il relate les souvenirs de ce dernier qui se présente comme le continuateur de la Révolution et « le père du peuple », contribuant ainsi à la légende napoléonienne qui se développa tout au long du XIXe siècle.

Philistins : le terme est utilisé par les romantiques pour désigner les « bourgeois » et a pris le sens de personne fermée aux choses de l'esprit et aux arts.

Ultra : abréviation d'ultra-royalistes ; nom donné sous la Restauration aux royalistes extrémistes, réunis autour du futur roi Charles X et qui veulent un retour pur et simple à l'Ancien Régime.

Virtu **:** mot très stendhalien emprunté à l'italien qui rend compte de son culte de l'énergie, de la force virile qui caractérise les âmes courageuses et passionnelles.

Bibliographie

Ressources sur l'Internet

- Centre d'études stendhaliennes et romantiques de l'Université Stendhal, Grenoble III : **http://www.u-grenoble3.fr/stendhalia**
- L'Association des Amis de Stendhal : **http://www.armance.com** (informations complètes sur Stendhal et son œuvre, texte numérisé du *Rouge et le Noir*, permettant des recherches par mot clef).

Études sur *Le Rouge et le Noir*

- Stendhal, « Projet d'article », *Le Rouge et le Noir*, Gallimard, coll. Folio classique, 2000 (p. 726-742) : Stendhal, sous un pseudonyme, commente son roman et juge ses personnages.
- Préface de Jean Prévost, *Le Rouge et le Noir*, Gallimard, coll. Folio classique, 2000 (p. 7-38).
- Geneviève Mouillaud, *Le Rouge et le Noir, le roman du possible*, Larousse, 1973 : excellent petit livre portant à la fois sur les techniques littéraires, l'idéologie et les interprétations psychanalytiques de ce roman.
- Pierre-Georges Castex, *Le Rouge et le Noir de Stendhal*, S.E.D.E.S., 1967.

Études d'ensemble sur Stendhal

- *Dictionnaire Stendhal*, sous la direction de Ph. Berthier, Y. Ancel et M. Nerlich, Champion (à paraître en 2002).
- Georges Blin, *Stendhal et les problèmes de la personnalité*, José Corti, 2001 : livre passionnant, dont le chapitre sur l'hypocrisie est d'une particulière pertinence pour l'étude de Julien.
- Georges Blin, *Stendhal et les problèmes du roman*, José Corti, 1953 : l'analyse la plus importante sur l'art du romancier et ses techniques.
- Claude Roy, *Stendhal par lui-même*, Le Seuil, 1951.
- Philippe Berthier, *Stendhal et la sainte famille*, Droz, 1983 les trois premiers chapitres, qui traitent des rapports avec le Père et ses figures, sont d'un intérêt particulier pour le personnage de Julien.
- *Europe*, numéro spécial sur Stendhal, n° 519, juillet-août-septembre 1972 ; voir en particulier : Geneviève Mouillaud, « Stendhal et les problèmes de la société » (p. 64-78) ; Anne-Claire Jaccard, « Julien Sorel : la mort et le temps du bonheur » (p. 113-133).
- Henri-François Imbert, *Les Métamorphoses de la liberté*, José Corti, 1967 : Stendhal et ses héros face aux événements politiques de son époque.
- Fernand Rude, *Stendhal et la pensée sociale de son temps*, Plon, 1967.
- Victor Brombert, *Stendhal et la voie oblique*, P.U.F., 1954.

- Film de Claude AUTANT-LARA,1954.

Scénaristes : Aurenche-Bost.

Acteurs : Gérard Philipe, Danielle Darrieux, Antonella Lualdi

- Film de Jean-Daniel VERHAEGHE, 2002.

Scénaristes : Verhaeghe et Danièle Thompson.

Acteurs : Kim Rossi Stuart, Carole Bouquet, Judith Godrèche.

Index

Achevé d'imprimer par Black Print CPI Iberica S.L.U - Espagne
Dépôt légal 05475-2/02 - octobre 2019